Beaucoup de bruit pour quelque chose

CE Laurent

Writat

Cette édition parue en 2024

ISBN : 9789359946108

Publié par
Writat
email : info@writat.com

Contenu

CHAPITRE I

CHEMIN DES FÉES

Royaume des fées! Royaume des fées!

Il devait y avoir de la fête au Pays des Fées. De partout, de haut en bas, d'ici, de là et partout, le petit peuple devait se rassembler dans la Vallée Violette.

Obéron et Titania arrivaient, ainsi que Mab, Puck, Gloriana, Tinkerbell et d'innombrables autres princes, trônes, dominations et pouvoirs innommables du royaume des Elfes.

Les lutins, les gnomes, les kelpies, les lutins, les brownies, les sylphes, toutes les ombres et toutes les formes appartenant au Roi des Fées, s'efforceraient d'assister à ce congrès des immortels immortels.

Ce fut une soirée marquante dans l'histoire de la démocratie aristocratique : la plus grande occasion du genre depuis l'an Un.

Demain ce serait le 1er mai, et minuit n'était pas encore là.

Les rossignols s'accordaient, se préparaient. L'air était miellé du parfum des fleurs.

Une lune ronde et blanche apparaissait depuis un ciel brillant sur la Vallée Violette. Cela a persisté; Je voyageais tardivement à travers des montagnes et des espaces de nuages à la dérive tranquille, attendant avec la meilleure lenteur possible, avec l'intention de voir tout ce qui était possible des réjouissances à venir.

Il contemplait et éclairait un spectacle de jeunes arbres à feuilles, d'herbes du vert le plus frais, de fleurs nouvellement venues et d'eaux scintillantes. Le monde qui est toujours beau portait alors sa plus belle beauté.

C'était le pays des fées.

Au loin, vers le nord, il y avait une lueur sinistre et brumeuse dans le ciel. Rouge, vaste et vague, elle se profilait, effaçant les étoiles au-delà, marquant l'endroit où le Pays des Fées n'était pas.

C'était l'ombre qui brillait sur Londres.

Dans le pays régnait la paix, la paix absolue ; puis, adoucis par la distance, le carillon d'une horloge d'église.

Douze! Le temps des fées était venu.

Aussitôt, un rossignol commença son chant émouvant ; et d'autres, dispersés sur de nombreux arbres, se joignirent peu à peu au chœur lancinant. À chaque instant, leur mélodie grandissait en joie et, se répandant toujours, incitait les rossignols des arbres encore plus éloignés à se joindre à l'hymne du ravissement, jusqu'à ce que chaque clairière du Pays des Fées soit plus heureuse de leur bonheur.

Il y avait de l'eau bordée de roseaux au centre de la Vallée Violette. C'était un étang ou un lac, selon la charité et l'imagination du mortel qui le regardait. Pour les fées, c'était un lac suffisamment grand et assez estimable pour leurs desseins les plus ambitieux.

Une lumière brillante apparut dans les profondeurs de cette eau, et monta lentement jusqu'à atteindre la surface, lorsque la nymphe de l'étang apparut. Elle s'assit, une silhouette brillante, sur une feuille d'eau et agita une baguette scintillante.

Dans une prompte obéissance, des gnomes apparurent. Pêle-mêle, ils arrivèrent en dégringolant, une foule multicolore, chacun avec un visage brillant et aussi plein d'excitation, d'activités et de mille méfaits que l'est la nuit d'ombres au clair de lune. Si rapidement, ils pullulaient, coudoyaient, se bousculaient, se bousculaient, trébuchaient, grimpaient, depuis des trous cachés et des recoins de terre enveloppés d'herbe, que des sentiers en fait minces étaient dénudés par leurs pieds pressés. Ils descendaient des branches des arbres, franchissaient les touffes d'herbe et se précipitaient pour se préparer aux réjouissances. Les gnomes représentent la démocratie des pays elfes et, comme certains d'entre nous, mortels, sont ceux qui effectuent le travail pénible nécessaire.

Ils se mirent au travail avec bonne volonté. Rares étaient les yeux de fée qui avaient vu un tel sérieux pour s'occuper d'affaires ennuyeuses. Les mauvaises herbes, qui sont bien des mauvaises herbes, nauséabondes et espiègles, et non des fleurs devenues impopulaires, ont été soigneusement arrachées et emballées, combustible pour alimenter les feux des enclumes des brownies ; une large étendue de verdure a été rendue impeccable pour que les fées puissent y danser sans entrave ; les vers luisants étaient cajolés ou transportés de force vers des endroits où leurs lumières bleu-blanc seraient à la fois ornementales et utiles ; la rosée était diffusée pour refléter depuis une myriade de points le clair de lune en diamant ; les lampes à fleurs furent taillées et allumées, et bientôt, de tous côtés, répandirent un doux rayonnement. Les rêves descendaient des espaces opales.

Pendant que les gnomes travaillaient, ils sifflaient – plus des chants de fées, maintenant ; mais des bribes de mélodies boiteuses empruntées aux mortels des vacances. C'était un mélange de sons, un flou grésillant, pas si désagréable. Les gnomes sont plutôt friands de ce genre de choses. Leur oreille musicale est peut-être imparfaite.

Actuellement, il y avait des problèmes. Bim était un centre de petit tumulte.

C'était un gnome, très jeune encore ; et, de la tête aux pieds, rouge comme une baie de houx.

Pendant que ses collègues de travail se précipitaient et s'affairaient, Bim était languissant. Même Monsieur Chocolat lui-même n'aurait guère pu être moins utile. Il a fait de son mieux, un peu mieux que rien ; mais ensuite il était très fatigué.

Toute la journée et toute la nuit précédente, il avait voyagé. Depuis le lointain Pays des Roses Sauvages, il avait travaillé dur, suivant laborieusement le parcours sur lequel une compagnie de fées avait facilement volé ou dansé. Ils s'étaient précipités vers la vallée des réjouissances ; et il devait venir aussi, car June était parmi eux.

Cela avait été… un tel voyage ! Le simple souvenir du labeur lui faisait mal dans chacun de ses six pouces.

Il avait commencé la veille au soir, à l'instant où la lune avait pointé au-dessus de l'horizon. Le contingent des fées l'avait précédé quelques heures plus tôt. Il n'avait qu'une vague idée du chemin à suivre, n'étant jamais sorti du Pays des Roses Sauvages auparavant.

Trois choses l'ont maintenu, plus ou moins, sur la bonne voie. Il voyait de temps en temps des fées solitaires en vol se diriger vers le lieu de rassemblement ; plus fréquemment, il passait des fleurs d'une douceur si rafraîchie qu'évidemment elles n'avaient été touchées que récemment par des baguettes bienfaisantes. Trois fois, des hiboux, en hululant, avaient donné un conseil et une direction au vagabond persévérant.

La lune, qui éclairait son chemin, avait suivi sa course jusqu'à se perdre dans la clarté du matin. Les étoiles s'étaient éclaircies, frémissantes et disparues. Le soleil avait vécu sa période d'heures ; les oiseaux avaient travaillé et chanté, les fleurs et les herbes avaient agité une longue journée lumineuse d'avril, et le gnome déterminé avait continué son voyage laborieusement, suivant le vol de la fée June.

Bim avait été plusieurs fois égaré par son ignorance, mais toutes ses errances, ses trébuchements et sa lassitude ne pouvaient atténuer ou diminuer sa détermination. Il ne se reposa qu'une seule fois, dormant une heure ensoleillée dans une chambre accueillante de morelle et d'orties en fleurs blanches. Enfin, il arriva au détour de sa très longue allée.

Il se trouvait maintenant dans la Vallée Violette et se pressait avec les autres de ses frères d'en bas pour le travail de préparation : et il ne le pouvait pas. Il avait toute la lassitude d'un nouvel arrivant. Ceux des gnomes, même ceux qui avaient parcouru de longues distances, avaient pu se reposer avant de travailler. Il n'y avait pas une telle fortune pour Bim. Il était là, et il devait immédiatement faire sa part. De nombreux gnomes, remarquant sa langueur, cessèrent complètement de travailler pour insister sur le fait qu'il ne se dérobait pas.

Il y a donc eu du tumulte. Cinq tyrans mineurs, des contremaîtres autoproclamés, commencèrent à lui donner des coups de pied. Bim a crié comme un sifflet de ferblanterie ; alors la justice, en la personne de la nymphe de la piscine, intervint.

Et c'est de là que dépend cette histoire.

Un mot de la fée de l'eau suffisait pour libérer Bim de ses persécuteurs et pour les envoyer en toute hâte au travail, jusqu'à ce que tous les préparatifs soient terminés et que la Vallée Violette soit prête à se réjouir.

"Gnome," dit la nymphe, "tu dois être jeune comme le printemps, sinon tu ne serais pas venu si loin et arrivé si tard. Tu es, je le vois, du Pays de la Rose Sauvage. Moi aussi. Ainsi c'est juin, notre juin. Vous serez favorisé. Allongez-vous sous cette feuille de quai ; restez tranquille et vous verrez la meilleure des merveilles.

Bim obéit, rampant jusqu'à la cachette et s'y reposant, les yeux allumés, aussi tranquillement qu'une souris soupçonneuse.

Les gnomes, leur affaire bien terminée, coururent vers des points d'observation. Ils grimpaient le long des branches, s'accrochaient aux plantes grimpantes et aux arbustes, comme des gouttes de fruits vivants. Les jambes croisées, ils se perchaient sur des tertres, sifflant, chantant, se faisant des farces, se plaisantant et se réprimandant, dans tout le bonheur d'une oisiveté facile. Ils formaient la foule la plus joyeuse du Pays des Fées cette nuit-là. Il n'y a pas eu une grogne dans toute l'assemblée.

Puis les fées commencèrent à arriver.

D'ici et de là, tels des flocons de neige musicaux, ils tombaient du ciel. Ils scintillaient comme des pierres précieuses, leurs baguettes étaient pointues avec éclat, leurs ailes brillaient d'irisations, leurs vêtements étaient pailletés. Lorsque chaque chevalier elfe descendait, il repliait ses ailes et marchait, la lance ou l'épée fine levée, vers un endroit désigné, et restait là attentif, attendant, tandis que d'innombrables voix de gnomes les héros étaient acclamés. Lorsque chaque douce fée venait sur terre, elle trébuchait ou survolait légèrement la piste de danse et s'asseyait ou s'allongeait parmi les fleurs. La Vallée Violette regorgeait de mille images de beauté et d'enchantement.

Pendant que le rassemblement se déroulait, eux et les fées chantaient une chanson de fées vieille du monde. Les cloches d'Elfland tintèrent musicalement.

Bim et les stars étaient ravies. La lune aussi. Des cors de fées et des trompettes sonnèrent : une fanfare de bienvenue résonna avec des échos dans les herbes des hauteurs. Car voici les royalties !

Un cortège digne d'être vu s'approchait et passait lentement. La fierté et la panoplie de l'apparat mortel sont le clinquant et la grossièreté en comparaison de ce que les fées peuvent faire.

En tête venait un garde du corps de gnomes, à l'air pittoresque et important dans leur mobilier guerrier. Leurs visages ronds, aux expressions d'un sérieux extrême, leurs yeux lunettes et leurs jambes, les uns en fuseau, les autres s'agitant comme des cerceaux à mi-chemin, donnaient une sorte de poésie pantomime aux débats.

« Shiar-shiar-shiar ! » » cria leur commandant dans son meilleur jargon militaire.

Ils s'arrêtèrent, se tournèrent vers l'intérieur en deux longues files, reculèrent, laissant un espace généreux entre eux, et se traînèrent dans des lieux relativement précis. Ils étaient rangés par compagnies, selon leur couleur, fierté de position appartenant aux compagnies bleu ciel et vert herbe.

Vint ensuite la fleur de la chevalerie féerique. Les chevaliers, dont le devoir est de contrôler et d'emprisonner les dragons qui, il y a longtemps, ont terrifié et détruit l'humanité, sont passés, applaudis fièrement. Ces heureux guerriers descendent dans les profondeurs enflammées de la terre, et là, avec un courage infini, des épées étincelantes et des lances magiques, combattent et craignent les furies cracheuses de flammes, les empêchant de s'échapper sur terre, où ils semeraient le mal, feraient des ravages, et détruire. Heureusement pour nous – si seulement nous le savions – que nous ayons les fées pour nous débarrasser de ces monstres et les retenir. Bannissez les elfes de notre imagination et de nombreuses horreurs cachées réapparaîtraient. Les vieilles terreurs oubliées et les millions de laideurs qui nous menacent toujours reprendraient leurs mauvais règnes. Bannissez les elfes, en effet !

Il y avait des chevaliers éprouvés par toutes sortes d'aventures, de jeunes héros millénaires dont les efforts contribuent toujours à la bataille du bien contre le mal. Ce sont les joyeux chevaliers. Les fées sont brillantes, car leurs services ont été bénéfiques. Les meilleurs des guerriers sont aussi éblouissants que le soleil à midi ; et tandis que les chevaliers marchaient dans l'ordre inverse de leurs prouesses et de leur valeur, les derniers les plus méritoires et les plus honorables, la procession devenait de plus en plus brillante à mesure qu'elle progressait, jusqu'à ce que seuls les yeux des elfes aient pu supporter son éclat absolu. C'était comme une rivière de lumière ondulante, voyageant à travers des champs de mélodie.

Bim, pour qui tout cela était un rêve magnifique, tremblait d'excitation et de respect. Il avait entendu des récits d'actes majestueux, racontés par des gnomes qui avaient vécu des aventures et vu ; mais rien auparavant n'avait semblé aussi beau que la simple ombre de cela. Il gisait dans son terrier, bien au chaud ; et lui a pincé la jambe à plusieurs reprises pour se rappeler sa merveilleuse chance.

Il vit les chevaliers se regrouper en un large demi-cercle autour d'un double trône, orné de pierres précieuses et d'or, fabriqué par les rayons de lune et la magie d'un nid de végétation sauvage. Jack o' Lantern, Will o' the Wisp et leur compagnie verte et frissonnante montaient la garde.

Les gobelins se sont rassemblés sur un peuplier.

Puis, après un intervalle, vint la perfection à son meilleur, la douceur dans toutes ses qualités, la beauté au-delà des adjectifs - les fées qui surveillent les fleurs de leur édifice et les soignent afin qu'elles puissent donner généreusement de leurs trésors de parfum, de couleur et d'éclat ; qui enseignent la musique aux oiseaux et leur arrachent leurs plus beaux chants ; qui portent des rêves diurnes à ceux qui en ont besoin, ils n'apportent que quelques-uns des rêves de la nuit ; qui aident le Père Noël lors de sa mission de Noël ; qui a mis l'espoir dans le cœur de ceux qui sont fatigués. Ils volaient lentement, sur des ailes battantes, juste au-dessus de l'herbe : les perles de rosée en dessous brillaient vivement, mille mille points, reflets. Le dernier chapitre de ce merveilleux cortège fut celui que les spectateurs acclamèrent avec ardeur, l'héroïne de cette nuit d'argent.

"Juin ! Juin ! Juin !"

C'est en son honneur que toutes ces réjouissances étaient faites. Le grand événement de cette nuit calendaire devait être le couronnement du mois de juin.

Puis, avec de nouvelles trompettes, arrivèrent Obéron et Titania, les plus puissants des rois et des reines ; dont les royaumes et la gouvernance s'étendent des profondeurs, où les brownies dans leurs ateliers de feu travaillent et créent, jusqu'aux palais cachés haut construits des nuages. Tous les châteaux en l'air se trouvent dans le royaume d'Obéron. Souviens-toi de ça ! Les redevances de Fairyland sont en effet royales.

Ils étaient accompagnés d'une escorte de princes et de princesses, de chevaliers, d'elfes et de gnomes ; jusqu'à la fin du cortège.

Obéron et sa reine étaient assis sur le double trône. Il leva son sceptre en signe ; les festivités commencèrent. Beaucoup de fées qui attendaient coururent alors vers la verdure dansante et dansèrent sur des ailes et des pieds aussi légers et gracieux que les rayons de lune sur l'eau qui coule. C'était une vision de beauté, la poésie parfaite de la musique et du mouvement. Et ainsi cela continuait encore et encore, une sorte de rêve et d'adoration, jusqu'à ce que chacune des fées ait chanté et dansé sa part.

Pendant tout ce temps, on chantait des chants d'elfes, accompagnés de voix de rossignol, et on se régalait joyeusement de nectar miellé et de cates, produits des cuisines des fées.

La lune dérivait, jalouse des nuages qui passaient qui lui voilaient parfois la vue, observant et, de sa solitude, se réjouissant avec les fées dans leur joie.

Jusqu'à ce qu'Obéron se lève. Les oiseaux cessèrent leurs chants. Un hibou a hué cinq fois. Bim, oubliant la prudence, sortit hardiment de sa cachette pour mieux observer. Le roi leva une coupe d'opale et prononça la parole :

"Juin!"

Toutes les voix de Fairyland lui faisaient écho. Les bois répétaient le nom :

"Juin ! Juin ! Juin !"

CHAPITRE II

LA FOLIE DE JUIN

Tout au long des festivités, June était assise à seulement trois mains de Bim, de sorte que lui - qui est notre principale autorité pour ces pages d'histoire - mieux que quiconque pouvait voir, entendre et savoir tout ce qui s'était passé au Pays des Fées à cette époque. très, très jeune matin de mai.

June était assise là, souriante, s'amusant suprêmement. Il lui était difficile de croire que ce banquet de pur délice était entièrement à son honneur. Même Obéron, Titania et ces autres dont les noms sont aussi immortels que peuvent le faire les pages qui passent des livres de l'humanité, étaient là dans une nouvelle relation – ses sujets pour le moment.

Le couronnement était le seul événement qui restait inachevé : c'était le point culminant des réjouissances, et n'aurait lieu que lorsque le coq qui chante dans les dernières ténèbres du matin ait dûment crié et hurlé.

Chaque année, au Pays des Elfes, la fée créditée du plus grand nombre de bonnes actions, comme indiqué dans le Livre d'Or de Bosh, porte la couronne magique que les esprits de Merlin, Prospero et Michael Scott se sont réunis pour confectionner et charger de leurs pouvoirs mystiques sur un nuit hurlante d'éclipse. Vingt-cinq spectres drapés avaient assisté à sa fabrication et gardaient la couronne une fois fabriquée. Il avait été transporté dans la vallée où Dante rencontra Virgile, sur l'île d'Ariel, sur la colline de Tara, dans cette vallée de l'Ombre dans laquelle Christian combattit Apollyon, qui était Abaddon, jusqu'à l'autel de la chapelle du palais d'Arthur à Camelot, au pays jamais-jamais-jamais; et dans chacun de ces lieux s'était reposé pendant un an et un jour, rassemblant les pouvoirs mystiques et magiques du lieu.

Aujourd'hui, par unanimement acclamé, June était à nouveau la favorite. Pour la deuxième fois consécutive, elle avait remporté la couronne, circonstance unique ! Jamais auparavant dans les longues annales du Pays des Fées, en comparaison desquelles toute simple histoire nationale n'est que le récit de quelques jours souillés et bruyants, une telle circonstance ne s'était produite. C'est pourquoi il y avait un si grand rassemblement ; pourquoi tous les notables – et Bim – étaient là !

La couronne qui, avec ses couleurs changeantes, brillait d'un éclat meilleur que le soleil, avait été posée sur un coussin devant le trône. Pendant les réjouissances, des chevaliers choisis, fières sentinelles, y montaient la garde ; Les yeux les plus brillants d'Elfdom l'observèrent alors. June l'a regardé aussi.

Mais il y avait quelque chose qui, même en cette heure de magie et de triomphe, la troublait et la rendait perplexe, et détournait son attention des réjouissances. C'était comme une ombre de chagrin surplombant le bonheur ; le seul flou dans une condition de contentement et de paix parfaits.

Là où elle était assise, face à Obéron et Titania, elle faisait également face à cette lueur vague et sinistre qui montrait où le Pays des Fées n'était pas. C'était étrange et étrangement gênant pour elle. Il n'y avait aucune ombre aussi lugubre sur aucune partie du Pays des Roses Sauvages, et jamais auparavant, lors de ses précédentes visites dans la Vallée Violette, elle n'avait vu cet éclat maussade. Mais maintenant, sa vilaine gloire l'opprimait. Encore et encore, cela détournait ses yeux du bonheur et remplissait son cœur d'un fardeau croissant de douleur.

La chouette avait hululé. "Juin ! Juin ! Juin !" était venu le cri du roi, puis du universel.

Chanticleer a donné la note pour le couronnement.

Le roi se leva, prit la couronne des mains du chef des chevaliers présents et la leva pour que tout le Pays des Fées puisse la voir. Les chants et les rires s'éteignirent et se réduisirent à un silence immense.

June s'envola vers Obéron, mais s'arrêta brusquement et poussa un cri de douleur.

Il y avait une excitation folle à cela. Cela démentait l'expérience, constituait un précédent désagréable, rendait soudainement l'harmonie de la longue nuit de travers et de travers. Qu'est-ce qui faisait mal à June pour qu'elle agisse ainsi ? Les fées, avec toute leur sagesse, étaient impuissantes à lire le mystère.

Mais bientôt, le mois de juin l'a montré clairement. Elle pointa sa baguette vers la lueur au-delà et cria :

"Mal ! Mal !"

Tous les gnomes, elfes, fées – tous – se tournèrent pour regarder la vague lumière rouge au-dessus de la ville lointaine. Obéron et Titania seuls ne bougèrent pas, mais regardèrent June, la solennité dans les yeux. Ils savaient.

"Juin," lui dit le roi, "cette lumière est la honte du Pays des Fées. Aucun de notre joyeuse compagnie ne peut vivre en dessous. C'est le pays des fantômes malheureux, où les ombres appelées hommes font et endurent une laideur, une honte infinie. et la douleur. Peu à peu, les fées qui les auraient aimés et aidés ont été chassées. »

"Je dois y aller", a déclaré June.

"Non non!" s'écria Titania en descendant précipitamment de son trône et en serrant l'épaule de la fée en lui tenant les ailes.

"Nous ne pouvons pas t'épargner, June", dit le roi. Les elfes écoutants chantèrent leur accord avec lui. "Tout cela est tout à fait désespéré. Il fut un temps où les fées régnaient à Londres et dans les autres grandes villes, et étaient crues, accueillies, appréciées. À cette époque, l'Angleterre s'appelait « Merrie » et méritait ce nom joyeux. Puis les choses ont commencé à se détériorer. Les hommes sont devenus moins en sympathie avec le beau et l'invisible ; leur foi en nous a diminué. Ils voulaient plus que ce qu'ils auraient dû faire, les scories appelées richesses ; et en suivant et en trouvant la richesse, ils ont perdu une grande partie de leur bien-être. pour les fées, qui, une à une, désertèrent le désert des rues et allèrent travailler à la campagne. La condition des villes devint de pire en pire. Puis vint cette époque de progrès matériel, la période du milieu de l'époque victorienne.

"Vous auriez dû voir leur papier peint, ma chérie !" Titania s'interposa.

"Et désespérée, la dernière des fées s'en alla !"

June soupira.

"Est-ce désespéré ?" elle a demandé.

"Désespéré, désespéré !" » déclara solennellement le roi. "Seule la Mort peut faire disparaître ce désert - la Mort et sa cousine la Dégradation. De plus, nous ne serions pas en mesure d'aider les hommes là-bas si nous le faisions. Ils sont vains. Ils n'aiment pas les fées. Ils aiment leur crasse. et leur arrachage. Ils accumulent leurs scories et leurs guirlandes et en sont avides. Ce monde de pierre et d'ombre sous la brume rouge est marqué par le malheur, June, comme nous l'avons fait et comme nous le faisons. , et peut épargner aux mortels ces zones effacées."

June cacha son visage dans ses mains et versa des larmes de fée. Des larmes en cette nuit de triomphe ! Une fleur, tout près, frémit en sympathie et éteignit sa lampe. Titania sentit sa fermeté royale sortir de ses ailes.

"Laisse-la partir, Obéron ! Pourquoi les fées n'iraient-elles pas même dans le désert si elles peuvent y aider ?"

"Je ne peux pas les épargner", répondit-il.

"Nous devrions les épargner", affirma la reine. June leva la tête pour écouter.

« Titania ? dit Obéron surpris.

« Les fées n'auraient pas dû laisser Londres dans la laideur », s'écria la reine ; "En outre, est-ce si laid que vous le prétendez dans votre éloquence?"

« Titania ?

"Même si les fées ont déserté Londres - et c'est une honte pour nous - de nombreux hommes et femmes, fortifiés et inspirés par nous, y ont fait un travail féerique. Je ne suis pas sûr que Londres soit si désespérée!"

« Titania ?

"Juin ne peut-il pas y aller?" » demanda alors la reine.

"J'ai dit 'Non !'", a déclaré Obéron avec une forte autorité.

"Vous êtes toujours aussi obstiné," observa Titania avec impatience. "Depuis que tu m'as joué ton tour avec ce lourdaud, ce clown, cette tête d'âne ; et que bêtement j'ai cédé à tes ruses et à tes supplications, tu as été..."

"Silence, Titania ! Vous êtes ma très chère reine ; mais je suis votre roi et le roi du Pays des Fées. J'interdis à June d'y aller."

La suggestion était terminée.

Des applaudissements forts et longs ont salué la déclaration royale. Les elfes ne souhaitaient pas que leur favori s'en aille. Ils craignaient pour elle. Titania, comprenant que le dernier mot était dit, pour le moment — quel modèle pour certains ! — revint se placer aux côtés d'Obéron, et June réveilla son bonheur abattu.

"Maintenant, fées", s'écria le roi, "le chant du triomphe !"

Ils ont chanté. Tous ont chanté, fièrement, fièrement ! Comment il s'élevait, gonflait, roulait dans un volume de délice musical, au-dessus de la cime des arbres, réveillant tous les oiseaux qui auraient pu bêtement dormir, les obligeant par sa puissance, sa joie et sa confiance à partager le grand chœur.

Seul Juin, de toute la multitude lumineuse que regardait alors la lune, resta silencieux ; seule elle, bien que partageant la fierté et le bonheur – comment aurait-elle pu faire autrement ? – se tenait là, apparemment impassible. Elle pensait, pensait, pensait au grand désert obscur, dont la misère surpeuplée, évoquée par le roi, réclamait les cadeaux et la présence des fées, et ne pouvait pas en jouir !

« Oh, triste ville », se murmurait-elle pendant que ses camarades chantaient le chant du triomphe. "Oh, ombres pitoyables, bêtement emprisonnées là-bas !"

L'aube se leva. La lune pâlit d'agacement que la lumière du jour vienne clôturer les festivités. La plus timide des étoiles ferma les yeux et s'endormit. Seules les lumières les plus audacieuses dans le ciel grisonnant luttaient contre les progrès à l'est.

Puis la chanson se termina, s'éteignant sur une note de contenu prolongé, un soupir de victoire satisfaite. Il y eut de nouveau le silence, à l'exception des oiseaux réveillés qui, bien conscients du jour qui approchait rapidement, bavardaient et gazouillaient avec une énergie croissante, insouciants de l'histoire qui se passait sous eux.

June fut tirée de sa rêverie inopportune par le contact de la couronne qu'Obéron, descendant de son trône, lui plaça.

Un grand cri s'éleva.

"Juin, juin, juin !"

Ce fut le moment de son triomphe. C'était aussi le moment de sa folie.

Le contact du bord mystique accélérait ses aspirations indéfinies et aiguisait sa tristesse. Elle irait ! Ce n'est pas Obéron et toutes ses fées qui devraient l'en empêcher. La couronne, chargée de pouvoirs puissants, lui donna une étrange nouvelle détermination et une influence bien plus puissante qu'elle n'en avait jamais possédée auparavant. Ce monde urbain était peut-être sans espoir, mais elle ne le dirait pas avant d'en être elle-même convaincue. Elle irait à Londres.

Obéron, observant son visage, était conscient de ce débat éphémère dans son esprit et de la décision désobéissante. Il est le chevalier le plus doux du Pays des Fées, et pour June, qui méritait si bien de tout le monde, il avait une révérence et une affection particulières. Qu'elle désobéisse à son ordre public serait presque aussi blessant pour son orgueil que de permettre à un dragon, enfermé dans sa prison souterraine, de s'échapper.

"June," lui dit-il doucement, "tu retourneras chez toi au Pays des Roses Sauvages. Une centaine des plus beaux chevaliers te garderont ainsi que la couronne, ton précieux fardeau. Tu partiras immédiatement. Le les réjouissances sont terminées.

La lumière du jour remplissait le ciel. La lune n'était plus qu'une ombre pâle d'elle-même ; les étoiles étaient devenues invisibles. Les oiseaux, égocentriques, volaient çà et là, s'affairant pour trouver de quoi vivre et aider à vivre. Une à une, les fleurs éteignirent leurs lampes inefficaces.

D'ordinaire, les fées auraient décampé aussitôt ; les gnomes, fatigués, grognent, grimpent maladroitement pêle-mêle, chacun d'eux avec la crainte à son côté d'être choisi pour quelque corvée - comme l'appellent expressivement nos amis au dos droit à la tunique écarlate. Mais cette fois-ci, ils sont restés. Pas un elfe ne bougea. Tout le monde regardait et se demandait.

« June était-elle en disgrâce ? se demandèrent-ils : « et si oui, pourquoi ?

Les questions ont été répondues par d'autres questions. Les enquêtes se sont bousculées sans qu'aucun progrès n'ait été enregistré. Les rumeurs se sont multipliées. C'était vraiment une nuit !

June a de nouveau fait appel.

"Laissez-moi y aller juste pour voir... pour seulement un jour et une nuit !"

"Tu ne peux pas y aller avant une heure", répondit obstinément le roi. "Les hommes, à cause de leur méchanceté et de leur mondanité, ont chassé les fées. Nous y sommes allés à regret, à contrecœur, mais nous y sommes finalement allés, absolument. Il existe d'innombrables foyers d'hommes où les elfes sont crus et sont les bienvenus. Nous transportons nos cadeaux. pour eux, les enfants ont des yeux souriants et des visages heureux : mais dans le monde étroit des rues méchantes et des gens trompés, sur lequel cet éclat est un voile, les enfants s'effacent, sont rétrécis, négligés, certains d'entre eux ont oublié comment sourire. ".

"C'est assez!" s'écria June, et elle regarda Obéron droit dans les yeux. "Partout où les enfants sont négligés, les fées devraient aller. Comment pouvez-vous reprocher aux gens d'être méchants et aux endroits laids si l'entrée est interdite aux elfes ? Grand roi, j'y vais !"

De la manière la plus audacieuse, elle leva sa baguette, lui rendit une profonde révérence et s'en alla, comme une lumière. Ses ailes scintillaient sous l'éclat du soleil levant.

Les fées s'avancèrent pour l'arrêter ; mais elle était partie avant qu'ils puissent le faire.

"Je te l'avais dit!" » dit Titania, à personne en particulier.

« Restez tous », ordonna bruyamment le roi. "June est partie volontairement et doit souffrir. Je n'utiliserais pas le plus petit pouvoir du Pays des Fées pour la ramener. Elle est partie de manière désobéissante. Elle peut revenir quand elle le voudra. Je ne l'enverrai pas chercher. Elle est partie par imprudence et doit endurer seuls. Nous sommes tous désolés. Il n'y aura plus de réjouissances elfiques jusqu'au retour de juin.

"La couronne ! Elle l'a prise !" dit Titania.

Obéron a fait écho aux paroles de la reine. "Elle a pris cela. Il ne peut pas périr. Juin ne peut pas le garder au-delà de l'année. Elle devra le rapporter à ce moment-là, ou plus tôt. Maintenant, fées, le 1er mai est arrivé. À vos maisons et aux travaux de jour. Au loin, loin ! Les festivités sont bel et bien terminées ! »

Puis les gnomes se sont précipités. Obéron et Titania et leur étincelante compagnie volèrent en une longue procession sur un parcours aérien sinueux, jusqu'au palais du roi, caché aux yeux des hommes sur une montagne irlandaise.

Ils furent là en un clin d'œil. Clignez trois fois de l'œil et le voyage d'une fée prend fin, même s'il traverse les déserts et au-delà des mers. Il n'en va pas de même pour les gnomes. Ils doivent travailler et lutter, comme les souris et les hommes. Mais les seigneurs et dames ailés du royaume des Elfes sont les heureux chanceux. Ils peuvent mettre le Temps dans un dé à coudre quand bon leur semble et jouer à saute-mouton avec les continents.

En moins de trois minutes et demie, selon une horloge bien réglée, la Vallée Violette était désertée par tous sauf les oiseaux et Bim. Même la nymphe du lac était invisible. Elle avait sombré dans les profondeurs de son palais translucide au moment où June avait pris sa décision audacieuse.

Bim se dandina jusqu'à l'endroit où se trouvait le trône. C'était encore une fois une végétation sauvage. Personne, pas même une fée, n'aurait pu rêver qu'un tel spectacle ait existé à moins d'un fragment de temps auparavant. Il se jeta de tout son long, un peu tout son long, sur l'herbe où se tenait June, et réfléchit longtemps avec toute sa vivacité d'esprit.

Il a fait un monologue.

"Le roi Obéron a dit que nous ne devions pas y aller. Il a dit que June devait revenir seule. Il a dit que personne ne devait la suivre. Je serai puni si j'y vais. Des piqûres, des douleurs, des courbatures et des coups ! Pouah ! Mais est-ce que cela serait pire que Fairyland sans June ? Non, ce ne serait pas Fairyland pour moi sans June. Je la poursuis jusqu'à ce que je sois bleu. En déclarant cela, il se leva d'un bond.

"Brave gnome !" dit une voix derrière lui.

Bim se retourna effrayé. Le courage qui s'était élevé au cours de son soliloque s'en alla – pluff ! – comme une gelée non prise.

La nymphe du lac avait parlé. Elle était revenue et se tenait de nouveau sur sa feuille au milieu de la piscine. Il était heureux de voir qu'elle le regardait de la manière la plus amicale.

« Nous nous comportons vraiment très mal en étant si désobéissants », dit-elle ; "Mais June vient du Pays des Roses Sauvages. Toi et moi aussi. Va vers elle, gnome. Elle est seule, et même toi de Falkland - je te demande pardon de le dire ainsi - tu es mieux que rien. Je n'ai aucun conseil à te donner mais garde un cœur vaillant. Tu en auras besoin. Tu ne connais pas le chemin ! »

Voici la vérité. Bim était un expert en ignorance.

"Vous trouverez Juin dans le désert de pierre et de mal. Le jour, il est couvert de nuages et de brouillard. La nuit, l'éclat rouge des lumières réfléchies brille dessus. C'est ce qu'il faut suivre et où aller. Quand Si tu reviens, je te trouverai un cadeau. Va-t'en !"

Bim est parti.

CHAPITRE III

COUR DU PARADIS

Il existe de nombreux tribunaux paradisiaques à Londres. Celui qui entre dans cette histoire est identifiable au fait qu'un pub se trouve à son entrée.

C'est probablement cette hôtellerie qui a donné son nom à la cour, car c'était l'approche la plus proche de tout ce qui ressemblait à un Éden que possédait cette partie effacée de l'existence.

Le pub a été connu à diverses époques sous différents noms : le Lion Rouge, l'Homme Vert, le Dragon Bleu, la Tête de la Reine. Peut-être qu'on l'appelle désormais sous un autre nom, car sa direction a toujours changé assez fréquemment et a presque aussi souvent célébré l'occasion avec un nouveau titre. On peut peut-être l'appeler "Le rire de juin" - qui sait ? - mais les digressions sont un péché lorsqu'elles anticipent. Ces faits sont énoncés pour aider le lecteur à trouver la Cour Paradisiaque de l'histoire – s'il le souhaite.

Décrire Paradise Court, c'est raconter l'image de l'une ou l'autre de plus d'un millier de mauvaises manières de Londres. Elle était étroite et dallée, avec des dalles de pierre froide fissurées ; était complètement lugubre, crasseux, ennuyeux. Ses immeubles étaient bruns avec des années d'atmosphère enfumée ; les fenêtres tachées, ou bourrées de papier, ou vides de verre ; les portes, les portails brisés, donnant accès à des royaumes intérieurs de misère et de nudité. Il n'y a aucun endroit sur terre plus désespéré et plus laid que ne l'était cette lugubre colonie d'humanité condamnée. Les créateurs de l'Enfer auraient sans doute honte d'imiter ces limbes, où les plus pauvres parmi les pauvres se pressaient et parvenaient à exister.

La faim et la peur étaient des terreurs constantes à Paradise Court. Chaque pièce était hantée par la tragédie qui ne meurt jamais. Aucune larme n'y a été versée, car le cœur qui connaît le désespoir est sec comme une rivière de sable. À Paradise Court, seuls les bébés pouvaient avoir une lueur d'espoir, étant totalement ignorants et incapables de savoir. Les autres n'étaient que des corps muets, trop blessés et trop chargés pour se sentir fatigués et endolori.

Il y avait parfois des bagarres dangereuses entre les courtisans du Paradis : ils frappaient le plus fort et le plus rusé pour les tuer ; mais, heureusement, ils utilisaient des poings ou des bâtons – même si parfois la botte trouvait du jeu et combattait toujours avec des sens confus par la boisson. Les hommes, les femmes et les enfants savaient blasphémer : et même si l'éventail du langage utilisé était limité, il était suffisamment violent pour n'importe quelle occasion ordinaire. Parfois, l'offre d'adjectifs disponibles était insuffisante pour un objectif très particulier, et alors Jim, Bill et 'Arry, Sal, 'Arriett et Liz se répétaient de manière inconcevable. Les oreilles du quartier n'étaient pas sensibles, ce qui l'était peut-être aussi.

Il était une fois un policier, confiant dans son uniforme neuf et sa matraque dans la poche de son pantalon, qui suivait et tentait seul de capturer un voleur sournois qui avait trouvé refuge dans son sanctuaire alsacien. Lorsque le policier est sorti du tribunal les mains vides, il était mou et battu ; et le rapport, de la bouche du vicaire, qui l'a entendu de quelqu'un, qui l'a appris de quelqu'un, qui l'a appris de quelqu'un d'autre, affirme que sa matraque perdue a été utilisée par la suite avec promiscuité pour régler des querelles privées. Depuis cette aventure peu judicieuse, la police n'est entrée sur les lieux que lorsqu'elle y était obligée, et elle s'est rendue en nombre suffisant. Paradise Court était devenue une république indépendante, où l'autorité du roi avait cessé de s'exercer et, en fait, était un peu plus éloignée de la civilisation que les forêts de Mumbo-Jumbo.

Il y avait quatorze maisons dans la cour, avec cinq pièces chacune, un passage et un escalier. En moyenne, quatre personnes dormaient dans chaque pièce, et pendant les mois d'été, les escaliers avaient leurs occupants, de sorte que la population de l'endroit approchait les trois cents habitants comme il fallait.

Paradise Court était, en bref, un morceau de Pays Noir, rendu au Chaos et à la vieille Nuit, le repaire de ces terreurs engendrées par la folie, les loyers exorbitants, l'économie, l'ivresse, l'extrême pauvreté, la négligence totale et absolue. C'était l'un des nombreux wes du désert métropolitain.

Londres s'étendait de tous côtés ; immédiatement autour, il y avait des artères bruyantes, avec des flux de vie précipités, des cortèges constants de véhicules grondants et tintants, et des bâtiments, des bâtiments, des bâtiments, des rues après rues, presque tous paraissant blasés, fanés, un édifice — beau mot ! - dans le désespoir. Seules les tavernes restaient vêtues de livrées criardes et courageuses, et paraissaient prospères et vulgairement gaies.

June se retrouva à Paradise Court au cours de cet après-midi de mai. Comment elle est arrivée là, même elle ne le savait pas.

À la campagne, son voyage s'était déroulé sans heurts. Elle avait parcouru les champs et les collines comme une lumière, avec une hâte joyeuse. Mais peu à peu l'air devint plus lourd, et ses ailes, qui, dans une atmosphère joyeuse, auraient pu bouger sans se lasser pendant presque un temps éternel, restèrent en retard. Elle luttait courageusement et, pas un seul instant, ne hésitait dans ses projets ; mais finalement, déconcertée par la clameur au-dessous d'elle, la proximité et l'épaisse fumée qui surplombait tout, il y eut le voile qui, allumé, était visible depuis Fairyland - sentit ses pouvoirs vaincus. Elle essaya tous ses arts, les arts féeriques, pour rendre le chemin plus facile ; mais l'air vicié de Londres l'opprimait – c'était pour elle – qui était plus sensible ? – comme un souffle ardent sortant des narines d'un dragon, nauséabond.

La couronne appuya sur son front avec un lourd bord de douleur. Elle s'accrochait au souvenir des enfants qui avaient besoin d'elle.

Elle est devenue aussi impuissante face aux circonstances qu'un flocon de neige, le jeu des vents ; était portée ici et là, secouée de haut en bas, comme si de puissants méfaits en faisaient leur volant.

Pendant des heures, elle fut bousculée dans cet état de perplexité aveugle : et puis, gifle ! se sentit brusquement plaquée contre une vitre, pour tout le monde comme si elle était une guêpe aveugle ou une bouteille bleue emprisonnée dans un été. chambre. Elle tomba et s'accrocha désespérément au rebord de pierre brute sur lequel elle se trouvait ; et là il se reposait, essoufflé, traîné, épuisé.

Elle était la fée la plus fatiguée de la chrétienté.

June a donc trouvé Paradise Court.

Elle se remit rapidement et regarda autour d'elle.

"C'est très, très laid", se dit-elle. "Les fées ne doivent pas être ici depuis des lustres."

Elle toucha la vitre crasseuse avec sa baguette. Le verre se divisait et s'ouvrait vers l'intérieur, comme si ses deux parties étaient articulées séparément ; mais l'atmosphère de la pièce était si vieille et si maléfique que June agita la baguette et ferma précipitamment la vitre. Des yeux humains, examinant le verre avec le plus grand soin, auraient été sûrs qu'il n'avait jamais été séparé. Frères, comme nous sommes aveugles !

"Est-ce que les fées ont déjà pu être là !" se murmura June.

Elle nettoya la vitre avec des vœux. Il devint si clair et bruni que le verre lui-même semblait invisible ; puis, s'avançant avec impatience, elle regarda à l'intérieur de la pièce et examina l'humanité dans l'une de ses cages.

"C'est une bonne chose qu'ils soient des ombres et qu'ils ne puissent pas savoir ou ressentir grand-chose. S'ils étaient aussi réels que nous, ce serait mauvais, mauvais ! Même maintenant, j'aimerais les transformer en moineaux ; ils seraient bien loin de moi." plus de chance donc. Pauvres gens ! Et il y a un enfant !

La vue de Sally Wilkins travaillant constamment avec des mains toujours fatiguées, fit tellement trembler June qu'elle faillit lâcher sa baguette et tomber du rebord ; mais une fois de plus elle s'accrochait de ses mains infinitésimales à l'étroite colonne de charpente en bois, et, commençant maintenant à se sentir indignée et en colère, elle regardait encore plus attentivement la pièce.

L'image qu'elle a vue était, hélas ! pas rare. Dix mille intérieurs de la vie londonienne, dans les quartiers gris où la misère est reine, étaient plus ou moins des répétitions du spectacle que June contemplait.

Deux femmes étaient accroupies sur le sol et cousaient rapidement, avec la régularité d'une machine. Une troisième allaitait et ses pauvres moyens permettaient à un bébé faible. La mère regardait devant elle avec des yeux très fatigués. Sans lumière, comme des pierres grises dans un visage creux, ils contemplaient un présent et un avenir trop morne pour les rêves. Toute sa vie a été une tache et un chagrin. L'une des femmes, sa compagne, était ravagée par une toux phtisique.

Il y avait près du mur intérieur de la pièce une pile de vêtements à moitié terminés – matière première sur laquelle travailler les aiguilles moites – et très peu d'autres choses. Il y avait un miroir sans cadre ; quelques bouteilles ; un pot de bière cabossé, volé au repaire du bonheur liquide à l'entrée de la Cour ; une chaise, qui servait de table, de berceau et d'armoire, lorsqu'il y avait quelque chose à thésauriser dessous ; une paillasse vermineuse ; et quelques morceaux de bois, de cartons et de chiffons, glanages de poubelles. C'est un inventaire complet du mobilier, tant décoratif qu'utile.

Sur le rebord de la fenêtre se trouvaient des croûtes brisées, aussi fades que des phrases de charité, et une fourchette au manche noir, avec des morceaux de ficelle, du coton, des aiguilles, plusieurs bobines vides, qui feraient un jour du bois de chauffage, et des cartes de boutons, le le capital et les éléments essentiels de cette industrie féminine.

June, fraîchement sortie des festivités du Pays des Fées, était consternée par sa photo et aussi proche des larmes qu'une fée indignée pouvait l'être. Elle ressentait une colère brûlante contre Obéron.

Puis elle regarda à nouveau Sally Wilkins et étudia la malheureuse enfant. Tout l'être de la fée était une sympathie et un amour avides. June connaissait immédiatement l'histoire de Sally grâce à l'influence de ses pouvoirs et de la couronne.

C'était un enfant qui n'avait jamais vu de champ vert ni entendu chanter d'oiseaux sauvages ; même si elle connaissait très bien, comme tout enfant de la ville doit le savoir, le gazouillis des moineaux impertinents dans les rues. Sally était le fruit d'une solide ignorance. Elle avait entendu parler de Dieu parce que son nom était une partie nécessaire de plusieurs jurons favoris ; mais des fées et autres douces réalités, elle n'avait rien entendu. Elle vivait – pauvre fille ! – dans un monde si étroit et si limité qu'elle aurait aussi bien pu naître dans une tombe que de connaître le destin de l'enfant à la Cour du Paradis.

Elle cousait et cousait, avec à peine une pause – « couture, gousset et bande » – même si dans son cas, c'était des boutons, des boutons et des boutons. Elle se frayait si constamment un chemin à travers l'étoffe sombre que la vie n'était pour elle qu'un morne pèlerinage dans et hors des boutonnières éternelles. Ses doigts étaient les machines les plus importantes. Son cerveau était engourdi ; son âme ne s'animait pas. Elle avait douze ans ; et composé de peau, d'os, de faim et de lassitude, enveloppés dans un minimum de Rien.

June ne pouvait plus supporter ce spectacle. Ses ailes frémirent d'indignation. Elle toucha la fenêtre, vola dans la pièce et se posa sur l'épaule de Sally.

L'enfant, sans que ses doigts ne se reposent du travail pendant la moindre partie d'un instant – le temps signifie la vie pour les travailleurs pauvres – leva les yeux, perplexe. Pourquoi semblait-elle soudainement plus légère ? Y avait-il du soleil dans la pièce ? Non, tout était exactement comme avant : mais oui, quelqu'un avait certainement, par un malentendu évident, nettoyé la fenêtre.

June ôta la couronne de fée et la posa sur les cheveux emmêlés de Sally. La conséquence fut étonnante.

Sally a commencé à rêver pour la première fois de sa vie. Un nouveau monde lui était ouvert. Elle se trouvait dans un pays merveilleux et avait le sentiment d'avoir apprécié autant de nourriture qu'elle le souhaitait – beaucoup de sauce chaude. Ses pensées dérivaient toujours sur une rivière de sauce, vers la promesse d'un pudding.

Sous ses pieds, il y avait une sorte de cheveux verts, de l'herbe, par endroits, aussi frais que le vent nocturne, mais infiniment plus agréables. Les fleurs, semblant avoir été cueillies sur des bonnets de dames relevés, étaient enfoncées dans le sol, où elles s'agitaient, paraissaient et sentaient aussi délicieuses que... plus de sauce, la seule comparaison de Sally.

Le ciel était étrangement bleu, et beaucoup plus large et plus haut que celui de Londres. Comment ont-ils fait pour que ce soit si clair ? Elle ne voyait pas de maison, mais il y avait de nombreux arbres qui ombrageaient l'herbe, des arbres de toutes sortes et de toutes tailles, certains si hauts que leurs cimes chatouillaient le ciel ; d'autres avec des branches si larges et si pleines de feuilles qu'une centaine d'enfants comme elle auraient pu dormir sans se disputer à l'ombre d'aucun d'eux. Quel monde très beau c'était !

Il y avait bien plus encore, car regardez ce « spadger » très rond, à poitrine rouge, qui se perchait sur une branche et se tortillait, se tortillait gaiement, et ce très gros oiseau – est-ce que cela pourrait être aussi un spadger ? – avec des taches brunes. poitrine, et cette petite chose bleue à l'envers et impatiente avec son doux gazouillis, gazouillis ; et l'autre acarien d'une créature brune, avec une queue légèrement retroussée ; et ce monsieur noir grondant avec son bec jaune ; et plus d'oiseaux aussi, bien plus encore. Qu'il y en avait ! Pourquoi n'avons-nous pas des gars qui leur ressemblent et qui jouent comme eux dans notre cour ? – et ne chantent-ils pas joyeusement ? Mon!

Il y en a un qui monte et monte, comme s'il montait un escalier rond qu'on ne voit pas, chantant tout en chantant comme... comme... une mélodie devenue douce. Sally pouvait entendre le doux son dominant et ouvrit grand les yeux – pour mieux entendre ! Il y avait une falaise brune, et vers le bas, dégringolant avec beaucoup d'éclaboussures et de bruits sourds, l'eau coulait en un flot brillant. Au début, elle frissonna – l'eau est si froide et si nettoyante ; mais la frayeur disparut soudainement lorsque Sally, s'examinant, découvrit que même si elle n'avait aucun souvenir de l'horrible processus de lavage, elle était tout à fait propre. Elle n'avait donc pas besoin de se laver et pouvait, sans crainte, admirer l'eau qui tombait. Hourra! C'était un pays splendide. Elle se délectait de sa lumière, de sa chaleur, de sa liberté, de son bonheur.

Il y avait des pas bruyants et instables dans les escaliers. June ôta la couronne, sans enlever à Sally la douceur du monde onirique, et s'envola vers le trou de la serrure vide pour la reconnaître.

Un homme, l'un des maîtres de Paradise Court, trébuchait à l'étage, progressant à pas de loup. Il était stupéfait ; à cause du pub au coin, l'endroit le plus proche où la communauté pouvait découvrir l'heure exacte. Une longue expérience de circonstances similaires a guidé ses pieds en toute sécurité vers cet escalier branlant hanté par les rats, et il s'est précipité dans la pièce, ouvrant maladroitement la porte après être entré. June planait au-dessus de lui, volait autour de sa tête, et intriguait encore plus son esprit insensé.

"'Est-ce que je les ai?" » demanda-t-il très sérieusement, et il regarda le mur tournant.

Les trois femmes le regardèrent avec indifférence. On a parlé.

"Ferme ta mâchoire, Bill," dit-elle, et elle s'arrêta pour enfiler son aiguille. "'Ullo, tu as apporté de la bière ?" continua-t-elle en voyant la boîte de conserve qu'il pendait. « Donne-nous une goutte, mon pote ! »

June, se retenant en saisissant sa barbe courte – car les fées ne sont pas entièrement insensibles à la loi de la gravitation – se pencha en avant et, juste comme il l'avait dit « Garn ! Je l'ai apporté pour... » toucha ses lèvres avec elle. baguette magique. Il a remplacé « moi-même » par « Sally ».

Bill posa la canette de bière sur la chaise et se ressaisit avec effort.

"Je *suis* bourré!" » affirma-t-il très sérieusement, comme si une grande incertitude avait été soudainement dissipé.

Sally était toujours dans le pays de la joie verte, où June l'avait enchantée ; mais elle prit la canette d'un air rêveur et la porta à ses lèvres.

C'en était trop pour cet homme. Il se pencha et attrapa la canette.

"Pas 'arf!" dit-il en le lui prenant, renversant une partie du contenu.

Les pensées de Sally étaient arrachées au monde de transe. Elle a été arrachée au pays vert des rêves, ramenée sommairement aux réalités grises et affamées du présent. Elle regarda Bill, puis blasphéma couramment. June, horrifiée par la colère féroce de l'enfant, toucha ses lèvres avec la baguette. Sally restait docilement silencieuse, même si sa bouche bougeait toujours avec des imprécations sourdes. Pendant ce temps, les deux femmes avaient continué leur travail, et la mère les regardait fixement, les yeux comme deux pierres.

Bill s'étala sur les planches et posa sa tête et ses épaules sur la pile de vêtements à moitié terminés. Il soupa à la bière avec une longue satisfaction luxueuse et s'endormit lentement. La canette vidée lui glissa des doigts et roula à mi-chemin à travers la pièce.

June, qui en présence de cette expérience avait été déconcertée et non préparée, s'est envolée vers l'endroit où elle se trouvait et l'a contemplée pensivement.

"Il y a eu là-bas une magie", a-t-elle déclaré, "pire que le mal des sorcières".

Sally a continué sa couture.

CHAPITRE IV

COCKNEYDOM

Cette nuit-là, June fit son nid parmi les cheminées. Il y avait une large fente dans le mortier qui retenait la pile, et un hamac noir fait d'épaisses toiles d'araignées se balançait au gré du vent qui soufflait dessus. June a mis la couronne pour plus de sécurité sous elle ; et, serrant la baguette avec ses deux mains protectrices, s'allongea sur la toile d'araignée et attendit le sommeil.

D'ordinaire, le sommeil vient aux fées comme aux oiseaux, instantanément et absolument. Mais maintenant, June ne pouvait pas se perdre dans son oubli béni. Pendant très longtemps, elle resta éveillée, regardant le ciel voilé et écoutant avec une attention tendue le battement et le bourdonnement éternels de la vie en mouvement autour d'elle.

Très loin, semblait-il – bien plus haute que jamais au Pays des Fées – la lune voyageait fantomatiquement. Il n'y avait plus sur le visage lunaire une expression d'intérêt semblable à celle de la nuit précédente, mais une vigilance sourde et une indifférence vigilante. Tous les elfes auraient pu se tromper et les fleurs se faner, peu importe la lune semblait s'en soucier.

June se sentait alors seule, d'autant plus qu'aucune étoile n'apparaissait et qu'il n'y avait pas de rossignols. Le pays des fées semblait à des millions de kilomètres. Elle commença à ressentir une étrange dépression, à craindre de n'avoir pas bien réussi à entreprendre elle-même cette quête impossible. Tout comme tout Quichotte se sent malade du découragement de la folie, pendant les périodes froides d'un pèlerinage divin, elle aussi souffrait.

June était aussi lugubre que Londres pouvait la rendre pendant ces heures de veillée involontaire. Alors qu'elle balançait sa toile d'araignée et regardait le miroir sans étoiles, elle s'efforçait de se convaincre de la nécessité de son service et de la sagesse de cette aventure. En raison de la grande lassitude et de la morosité, il lui a fallu beaucoup de temps pour la convaincre.

La vie de ces mortels était vraiment une triste affaire. Penser à Sally et à ses compagnons adultes travaillant continuellement pour le simple plaisir de l'existence, endurant une vie de besoin et de laideur, avec les fées loin d'ici, était vraiment très triste ! Il lui faut d'autant plus continuer à travailler.

C'était donc réglé.

Cette pensée était si réconfortante que son éveil prit fin. Elle s'endormit presque aussitôt et rêva qu'elle se reposait dans son berceau, au pays des roses sauvages. Bonne toile d'araignée !

La lune s'enfonçait dans les nuages et les heures défilaient.

June fut réveillée par un sifflement strident. Une usine a appelé et la fée s'est levée.

Londres à l'aube maussade ! C'était plus que jamais une scène lugubre qui l'accueillait en ce matin gris et jeune. Ses espoirs désespérés de la veille s'effondraient, d'aplomb, à zéro. Elle regarda les kilomètres de toits noirs et de cheminées crasseuses. Quel monde hideux c'était ! Ce n'est pas si étonnant, après tout, que les elfes l'aient résolument abandonné.

Elle se lissa soigneusement, testa les deux ailes pour s'assurer qu'elles n'étaient pas blessées, se nourrit de la nourriture magique que les fées peuvent, si nécessaire, préparer à partir de la rosée et du vent d'ouest, puis se sentit prête pour les activités d'une journée. Son travail de rattrapage devait commencer immédiatement. Observer le mal, et ne pas l'arrêter, c'était inviter au désespoir et à l'échec ; mais remplacer le mal par le bien était encourageant, et c'était l'affaire de la fée ! June a mis la couronne et a commencé.

Ses premières fonctions étaient auprès des gens de Paradise Court. Elle déploya ses ailes et fut portée jusqu'au rebord de la fenêtre. Aussi tôt soit-il, les femmes et Sally travaillaient déjà avec leurs aiguilles. Ils prenaient leur petit-déjeuner pendant qu'ils cousaient. Leur nourriture était du pain rassis, des déchets rejetés sur les tables de la classe moyenne et de la viande effrayante achetée - une livre pour un sou - à Mère Louve, une sorcière du quartier qui faisait des profits en vendant des abats pour l'alimentation humaine. Comment ce pourvoyeur de nausées a-t-il échappé aux sanctions dues pour cela est un mystère ; mais c'est ce qu'elle a fait.

Bill dormait toujours, un autre homme à ses côtés. Les seigneurs de la création avaient pour eux seuls la pile de vêtements pour le lit, l'oreiller et la couette. Les membres féminins de l'établissement s'étaient débrouillés comme ils pouvaient, s'allongeant les uns contre les autres pour se tenir chaud. C'était l'ordre habituel des choses.

June entra par le chemin magique de la fenêtre et chatouilla le nez de Bill avec sa baguette. Il éternua, s'étira, se releva ; ses premiers mots ne furent qu'un petit langage vif, un bonjour peu aimable à son compagnon de luxe, qui réveilla effectivement ce gentleman.

Les hommes mirent leur casquette, achevant ainsi leur toilette, bâillèrent et, sans dire un mot aux femmes, sortirent chercher du travail. C'était leur métier : chercher du travail. Ils ne l'ont jamais trouvé, mais ont continué à chercher. Ils déjeunèrent à l'hôtellerie avec de la bière, du pain et de la graisse, ce qui fit la joie de Paradise Court. La partie liquide de leur repas dura jusqu'à ce qu'aucun autre cuivre ne puisse être trouvé, emprunté ou escroqué. La vie de Bill était un long processus d'oisiveté, agrémenté de bière.

Le matin, les vêtements finis devaient être apportés à l'entreprise de couture de la ville pour laquelle ils avaient été confectionnés. Les différents vêtements étaient disposés en paquet, noués avec l'un des précieux morceaux de ficelle et perchés sur l'épaule étroite de Sally. Elle le serra fermement entre ses mains fines, essayant de croire que c'était un bébé à allaiter.

June a décidé d'accompagner Sally pour l'aider à supporter le fardeau. Elle y parvint en s'asseyant dessus, en utilisant la merveilleuse baguette, et en souhaitant que le paquet ne représente qu'un dixième de son poids réel. C'était donc fait pour être ; mais Sally, qui n'avait pas été encouragée à observer les choses, ni à estimer les différences, ne se rendit pas compte de sa légèreté. En tout cas, le fardeau, même réduit en juin, était suffisamment lourd pour une enfant de sa force et de son âge. Mais beaucoup d'autres, comme Sally, portaient un fardeau similaire.

La jeune fille et la fée descendirent les escaliers et sortirent de Paradise Court ; le long d'un trottoir morne et glissant, croisant un millier de gens, intéressés, égocentriques et pressés, qui pouvaient rire, parler, s'agiter et froncer les sourcils à leur manière, mais qui restent à Juin, comme à Obéron et à tous les autres des terres meilleures, étaient des ombres pauvres et pitoyables, voyageant, s'inquiétant, se mourant pendant quelques milliers de jours jusqu'à ce qu'on les recouvre d'un extincteur.

Des tramways jaunes et bleus passaient en tintant. June, voyant les gens monter et descendre d'eux, eut l'intention d'arrêter l'un d'eux pour que Sally puisse monter à cheval ; mais il valait mieux que cette première fois, Sally suive sa propre démarche comme d'habitude. Quoi qu'il en soit, June était prête à être utile et manipula sa baguette tandis que le bébé dépensier touchait son sou, déterminé à l'utiliser aussi rapidement et de manière extravagante que possible.

Sally travaillait lentement. Elle resta sur le chemin principal, n'osant jamais lâcher le paquet, à cause de la difficulté de le récupérer.

Elle arriva à un large carrefour – un terminus de tramway et d'omnibus – et traversa un labyrinthe de charrettes et de gens. June commença à se sentir effrayée à cause des clameurs et de la foule, mais elle perdit bientôt ses craintes indignes en se rappelant que ces créatures et ces choses, en comparaison avec elle-même, n'étaient que des ombres, autorisées à demeurer pendant un petit moment dans le monde magnifique qui appartient à aux fées et autres du pays des esprits. Elle avait plus de pouvoir dans sa baguette et dans sa volonté qu'eux dans n'importe laquelle ou toutes leurs facultés brobdingnagiennes.

June a été profondément impressionnée par les merveilleux pouvoirs de la police. La façon dont l'homme d'autorité casqué se tenait au milieu de la presse et la dirigeait la séduisait comme rien ne l'avait fait depuis qu'elle avait vu Obéron dans sa majesté commander les formes et les princes de la Vallée Violette. Alors que Sally passait lentement devant les policiers, June donna à chacun la bénédiction d'une fée. Ils devinrent par la suite, et le sont encore aujourd'hui, plus que d'habitude polis et attentifs aux timides.

Sally avançait d'un pas régulier. Elle passa devant une pompe dégoulinante d'eau. June aperçut devant elle plusieurs gros moineaux qui se disputaient le maïs tombé de la musette d'un cheval. Elle allait les gronder, comme les fées font aux oiseaux de la campagne quand leurs manières méritaient d'être réparées ; mais ces moineaux des villes, dans leur ignorance cockney, n'ayant jamais vu de fée, ni rêvé qu'il existait quelque chose de plus important qu'eux et peut-être un maigre chat errant, la picorèrent irrespectueusement. Comme elle ne prêtait aucune attention à leur hargne, ils prirent soudain panique et s'enfuirent effrayés, en bavardant dans une belle plainte unanime.

June reprit son perchoir, mais maintenant sur le chapeau de Sally. Elle trônait sur son bord brisé et regardait Londres avec un détachement exalté.

La misère était laissée derrière, mais aux yeux des fées, la ville était particulièrement morne. Les bâtiments, pourtant si lourds, si hauts et si ambitieux, avaient un aspect délabré et étaient tachés de crasse. La rudesse de l'atmosphère était également oppressante. Quelle vie! Quel endroit ! June n'a pas pu s'empêcher de penser avec nostalgie à ce monde plus heureux où les fleurs sont libres et où les vents doux les embrassent. Elle plaignait profondément les gens qui, volontairement ou non, étaient bêtement emprisonnés dans ce pays de pierre étouffant.

Sally traversa une cour et sillonna une série de ruelles, déroutantes pour un étranger, jusqu'à ce qu'elle arrive devant une porte mal peinte et sonne.

Elle baissa joyeusement son paquet et s'assit sur la marche, dans un état de faiblesse et d'épuisement. Les pouvoirs intérieurs étaient dilatoires ou inattentifs. Elle dut attendre un bon moment avant que la porte ne soit brusquement ouverte par un jeune à la mâchoire de lanterne, avec des poils rouges sur la lèvre supérieure, des cheveux enduits d'huile et une épingle en pâte de diamant enfoncée dans sa cravate jaune. Ses associés le connaissaient sous le nom d'Ernie Jenkins.

"Pourquoi n'étais-tu pas là plus tôt ?" Il a demandé. " Vous allez devoir attendre maintenant. M. Oldstein est sorti et je suis occupé. Vous semblez penser que vous pouvez venir quand vous voulez. Mais vous ne pouvez pas. Vous voyez ? Vous pouvez laisser les marchandises à l'intérieur et les chercher. " Maintenant, souviens-toi, et sois vivant la semaine prochaine. Tu vois, reviens dans trois quarts d'heure et récupère ton argent.

La porte – l'entrée arrière du magasin de couture en gros de M. Emmanuel Oldstein – fut immédiatement fermée. Sally, quant à elle, doit s'amuser du mieux qu'elle peut. De nouveau, avec la patience des affamés, elle s'assit sur la marche pour attendre, et s'oublia suffisamment pour croire qu'elle aurait envie de pleurer. Cependant, elle s'est abstenue de pleurer - les négligés n'en ont pas à revendre - et, comme d'habitude, a concentré son esprit sur les choses à manger. De la nourriture, de la nourriture, de la nourriture – voilà son aspect d'Eden. L'objet de son désir particulier était encore, comme toujours, la sauce, « pas et malodorante ».

June a lu ses pensées et s'est mise au travail pour les réaliser.

Un écolier passait en sifflant. Il avait été dispensé de ses leçons pour la journée et se précipitait joyeusement vers l'Ovale pour assister au premier match de cricket de l'année. Un colis en papier blanc, intitulé « déjeuner », était glissé sous son bras.

June le regarda fixement, agita sa baguette et lui demanda de regarder Sally.

Il l'a fait. Le sort était sur lui. Un seul regard suffisait pour influencer son cœur inexpérimenté ; il n'était pas assez vieux ni assez riche pour avoir appris la prudence dans sa charité. Il n'aurait pas pu profiter maintenant de son grillon, se souvenant, comme il se doit, du visage pâle et affamé de cette enfant fatiguée, et ne pas l'avoir aidée.

Il cacha ses actions à l'abri d'une porte commode, ouvrit le paquet, en sortit deux sandwichs et un morceau de gâteau, fourra le reste dans la poche de sa veste et, courant honteusement, laissa tomber la nourriture sur les genoux de Sally. Il l'entendit pousser une gorgée de joie alors qu'il continuait avec un cœur chantant, pour être le garçon le plus heureux de Kennington.

Surrey a fait mieux que d'habitude ce jour-là.

Pendant que l'enfant mâchait avidement et attendait, June, mécontente de perdre du temps, s'envola vers le ciel pour enquêter.

Elle fut bientôt au-dessus des toits et impressionnée par la myriade de cheminées. Son attention fut attirée par le dôme de Saint-Paul, qui brillait comme un nuage rond et violet, par-dessus tout. C'était, comme c'est le cas, la couronne de Londres. Elle n'avait jamais rien vu de pareil au Pays des Fées et s'étonnait de la patience des hommes. En vérité, c'étaient de pauvres créatures, des créatures passagères, et tout ça ; mais ils ont foi dans ce qui est matériel et gèrent beaucoup de choses au cours de leurs quelques années.

Ses ailes bougeaient rapidement. Elle courut comme un éclair de lumière parfumée au-dessus des cours et des maisons intermédiaires, et arriva rapidement au cimetière Saint-Paul. Elle passa entre les branches des arbres du jardin grillagé, saluant moineaux et pigeons tout en espérant, souhaitant de tout cœur, pouvoir rencontrer certains de ses amis aux couleurs vives et au chant joyeux, qui bénissent les amis. et les cieux du pays. Mais cela ne pouvait pas être le cas. Les oiseaux qu'elle aimait avaient suivi les fées, laissant derrière eux de la prose en plumes.

Elle fit lentement le tour du grand dôme et s'étonna plus que tout de sa saleté croûteuse, qui datait des Stuarts. Elle s'installa sur la statue d'un apôtre en ruine - qu'elle représentait aussi indiscernable que Shem dans l'arche de Noé de la crèche - et regarda avec émerveillement et sans admiration la scène émouvante et étirée - le panorama vivant - devant elle. . Des toits, des clochers et des rues qui s'étendaient sans cesse, telle était l'image vue par la fée. Cela avait sans aucun doute ses merveilles ; mais oh, c'est dommage, la foule et le manque d'arbres ! Quelle perte d'espace lamentable !

Les fées, parmi leurs défauts, n'ont absolument aucun sens de l'économie politique. Si June avait appris que le loyer du terrain à Ludgate Hill s'élevait à autant de livres sterling le pouce carré, elle n'aurait pas du tout été impressionnée et aurait peut-être même pu s'ennuyer.

"Où les enfants pourraient-ils trouver de la place pour jouer ?" se dit-elle. "Et les fleurs doivent toutes être étouffées !"

Elle s'envola vers l'espace libre en contrebas et se percha sur la statue de la reine Anne pour observer avec des yeux tristes les gens fatigués et pressés. Pauvres ombres ! Dans peu de temps, ils seraient de retour dans le sol qui leur était offert, leurs opportunités de bonté et de bonheur prendraient fin ; et ils étaient là, ne pensant qu'aux gains du jour, se précipitant après le mirage, perdant ce qui comptait.

Elle était fatiguée, presque au point de pleurer, devant cette scène sordide, et pensait tristement à son contraste avec le Pays des Fées. Oh, pourquoi les elfes avaient-ils abandonné Londres ? – quand – il y avait Bim !

Le gnome gravissait péniblement Ludgate Hill. Il semblait avoir rétréci et devenir rouge très pâle. La lassitude et l'égarement lui avaient, pour le moment, ôté ses couleurs. Il était stupéfait et terrifié par le volume continu du trafic qui, même s'il ne pouvait pas lui faire de mal, semblait très redoutable. Il regardait avec des yeux ronds les lourds véhicules, et bien que pour lui ils n'étaient en réalité que des ombres portant toutes sortes et formes d'ombre, il était déconcerté par leur multitude et leur variété.

Avec sa pente brillante et sa circulation insistante, Ludgate Hill était pour lui une épreuve éprouvante et glissante.

Il s'est retrouvé en difficulté à plusieurs reprises au cours de cette ascension difficile. Les chevaux pouvaient le voir ; les êtres humains ne le pouvaient pas. À maintes reprises, une botte le menaçait, une jupe agitée par lui ; les roues d'un véhicule semblaient souvent au-dessus de lui ; mais il réussissait toujours – non sans de nombreux étalements et chutes – à éviter le contact avec les ombres répréhensibles.

Il atteignit le sommet de la colline et resta haletant et triomphant. Soudain, il aperçut June, une fée couronnant l'effigie de la reine morte. Il a crié de joie et a regardé avec ravissement. Hoo-oo-oo-oo-ray !

Son bonheur a reçu un chèque.

Un garçon charognard, courant, accroupi, ramassant les ordures, a ramassé Bim ! Avant que le gnome puisse dire « Robinson », il se leva, fut emporté dans un réceptacle à poussière et y tomba aussitôt.

Il sortit en rampant, haletant et désillusionné. Il bénit pensivement le garçon charognard pour son hospitalité ; accroupi, ahuri, sur le trottoir ; puis, se souvenant, il se retourna et perdit tous ses malheurs, ses douleurs et sa lassitude dans la joie de revoir June.

"Bim, mon brave Bim", le salua-t-elle.

Il regardait bouche bée, haletant et souriant. Il n'avait plus de mots pour répondre et n'en avait besoin.

CHAPITRE V

LE TERRAIN DE TOM TIDDLER

Bim était presque au comble de la joie de rencontrer June juste au moment où ses espoirs étaient au plus bas ; elle n'était guère moins ravie de le voir. Car non seulement le gnome était quelque chose du pays des fées, un rappel de ses chers délices et de ses jours dorés, et un moyen de renforcer ses déterminations tendues ; mais il était venu de son coin particulier du royaume délicieux, le Pays des Roses Sauvages, et avait apporté au Cockneydom blasé quelques souvenirs parfumés de sa maison.

Mais elle doit retourner auprès de Sally. Elle s'est envolée vers Bim et lui a tendu sa baguette. il l'attrapa et se retrouva aussitôt en l'air, porté comme par magie par la fée pressée.

Ce n'était pas une nouveauté pour Bim de faire un voyage aérien. L'un des jeux préférés des gnomes - naturellement pas plus capables de voler qu'un cochon n'est capable de "Bo" - est d'attraper les pattes d'un pigeon et de faire tourner l'oiseau idiot. C'était la première fois que son moyen de progression vers le ciel était une fée. C'était une expérience étrange, terrible et nouvelle, d'être traîné et flottant sur ce désert de toits. Mais c'était aussi exaltant. Il commença à chanter de sa voix croassante une vieille chanson d'elfe sur les rayons de lune qui devenaient des glaçons. June, l'écoutant et regardant la scène en dessous, jura et jura encore qu'elle ne se reposerait pas tant que Londres ne serait pas restaurée au pays des fées.

Bim n'avait aucune conscience, en croassant et en se balançant là, des effets de son influence sur le sort de la ville sombre : Londres n'en avait aucune idée non plus.

Sally attendait toujours, même si le passage de personnes en voyage d'affaires vers et depuis l'établissement Oldstein l'avait obligée à se déplacer vers une autre porte, où elle s'asseyait et attendait la convocation.

Cette apparente négligence de la part du jeune homme rouge irrita tellement June qu'elle courut en toute hâte, la tête la première, à travers l'ouverture pour les lettres de la porte, se préparant énergiquement à le lui rappeler.

Il était assis sur un comptoir avec des piles de vêtements autour de lui – comme tout ça sentait le moisi ! – travaillant dur pour lire un « horrible » usé – « Sweeney Todd », son héros – et bâillant. L'atmosphère, plutôt que la lassitude, provoqua la bouche bée, qui se termina brusquement.

Alors que June entrait dans l'entrepôt par l'arrière, on entendit Max Oldstein, le fils unique de la « firme », descendre les escaliers d'en face. Jenkins quitta son perchoir en un instant et s'occupa de faire tomber une balle de vêtements du comptoir sur le sol.

June poussa vicieusement avec sa baguette la nuque décharnée de son cou pour lui rappeler Sally. Sa protestation fut efficace. Il se dirigea vers la porte et cria :

"Entre, gamin !"

Sally entra avec impatience. Elle se tenait debout sur le paillasson, tremblante.

« Payez-lui quatre centimes, » dit le maître en cochant le papier qu'il tenait, « et dites-lui que si les gens ne font pas mieux le travail, ils en auront besoin.

Max se tourna brusquement et se dirigea vers l'autre bout de la boutique, où il alluma une cigarette et admira pensivement la grande bague en or à son gros petit doigt. June, en colère à cause de son désagrément flagrant, lui souhaita une punition de douleur, qu'il ressentit.

"Mon maïs !" il a dit, "il va pleuvoir."

Pendant ce temps, Jenkins s'adressait à Sally.

" Vous avez entendu ce que le jeune gouverneur a dit ? Et ne l'oubliez pas ! Il y a le ouf, comptez-le ! et voici encore un lot de matériel. Vous voyez ? Vingt pièces. Maintenant, vous pouvez lancer votre ' ouais !"

Sally posa le tas de tissu sur son épaule et partit. June la suivit dans la rue, rendit le fardeau aussi léger que le permettaient les bons vœux et le contact avec la baguette, et ordonna à Bim, qui pendant son absence s'était profondément endormie dans le caniveau, de grimper sur le chapeau de Sally et de rentrer chez elle - "à la maison". --avec elle, pour la garder.

Puis elle revint voir ce qu'on pouvait faire avec Max Oldstein, dont la vulgarité mûre et inhabituelle la fascinait.

Sally, avec Bim étalé le long du bord de son chapeau comme une bordure rouge invisible, courut lentement vers l'est. Le gnome épuisé se retrouva bientôt dans son propre petit pays – le sommeil tirait si fort sur ses paupières – et ne revint à ce monde d'irréalités infinies que lorsque Sally fut dans la chambre de travail de Paradise Court, et que le gnome fatigué les femmes comptaient avidement et se plaignaient du peu de pièces qu'on leur apportait.

Ils revinrent aussitôt à la couture et passèrent des aiguilles désespérées à travers la nouvelle masse de vêtements à moitié confectionnés. Ainsi ont épuisé encore plus d'heures de leur vie non bénie.

Bim, réveillé et renversé par le fait que Sally avait enlevé son chapeau, rampa dans la canette de bière, qui gisait toujours là où elle avait roulé lorsque Bill l'avait laissée tomber ; Il se recroquevilla comme un écureuil dans sa solitude hivernale et se rendormit. Cela montre à quel point le pauvre garçon était fatigué ; Bim, cependant, n'était pas trop fatigué pour les rêves et, dans ses visions de sommeil, il entreprit une fois de plus ce redoutable voyage depuis le Pays des Fées qui se termina par la découverte de June. Cela prouve que les gnomes peuvent aussi faire des cauchemars ; un fait pour la Société Psychique.

Max Oldstein a intrigué June. Elle ne parvenait pas à le distinguer. Ses intérêts et ses actions semblaient si inutiles et mesquins. Au cours de cette matinée chargée, il était quarante personnes désagréables réunies en une seule. Lorsqu'un client synonyme de prospérité arrivait, Max se perdait dans des politesses huileuses. Il rit vigoureusement face à l'humour à peine là, et sourit et crapaudait comme un *nouveau riche* lors d'un combat de thé Primrose.

Lorsqu'il suivit un compagnon tailleur qui avait gaspillé son opportunité en buvant et qui, poussé par le repentir et les besoins de sa famille, mendiait pitoyablement pour être repris, la politesse de Max fit un effet retentissant. Il rabroua le tailleur pour son ingratitude et ferma brusquement les plaidoiries du pauvre imbécile en lui tournant le dos.

Il y avait tant d'autres affamés pour prendre la place de ce misérable.

Au cours de la matinée, Max s'est montré astucieux, mesquin, complaisant, arrogant, déterminé, stupide, vulgaire et cruel. Ernie Jenkins, qui copiait ses manières du mieux qu'il pouvait, vivait dans une terreur mortelle à son égard. Pour Ernie, Max Oldstein était une méchante nécessité, son pain et son beurre, son tout. Perdre cet emploi odieux et pitoyable, ce serait lui couper tous ses luxes privés : son verre d'amer du soir, avec l'occasion de badiner avec une barmaid, les cigarettes Woodbine, la visite hebdomadaire au music-hall, le dimanche. marcher avec Emily. Alors il continua, comme cent mille autres de son espèce, vendant sa vie pour une somme dérisoire, ravalant d'infinies insultes, grimaçant et mesquin. Pauvre Ernie ! Que faire d'humains comme lui ?

À une heure, Max se précipitait au « Haversack » pour un grand repas de bœuf gras et bouilli avec des carottes, et, tout en mangeant, il lisait en ricanant un hebdomadaire rose, qui donnait des conseils oraculaires sur les chevaux de course, entrecoupés de paragraphes amusants. sur les locataires. On discutait également, à laquelle les barmaids, les clients et les serveurs se joignaient familièrement, du meurtre de la rue X, des prix des paris et de l'affaire de divorce du jour avec ses jolis détails.

Puis le capitaine Crowe, que les gens de son monde connaissaient sous le nom de « Charlie », entra, et Max fut heureux de spéculer sur cent shillings avec lui, que le jeune homme perdit de très mauvaise grâce, jusqu'à ce que le capitaine, qui Il était en réalité un jour un poste de subalterne dans un bataillon dissous, après avoir emprunté une demi-couronne à un client occasionnel, qui le connaissait mal, et rétabli la bonne humeur de son adversaire avec le cadeau d'un soda, d'un whisky et de quelques fleurs. de discours, ouvrant ainsi la voie à une autre partie de billard et à une autre défaite pour Max.

June était impressionnée par tout ce qu'elle voyait et se demandait comment reconquérir le Pays des Fées – ça ! Elle était assise parmi des gobelets usagés sur la cheminée, sous le tableau du marqueur , observant patiemment et s'interrogeant. Que pourrait-elle faire pour arranger les choses ? Comme c'était difficile ! Les êtres humains valaient-ils la peine d'être sauvés ? Obéron n'avait-il pas raison dans sa décision, et elle avait-elle terriblement tort ? Ces créatures – si méchantes et sordides – étaient pires que jamais ce que leur critique le plus franc du Pays des Fées lui avait décrit.

Puis elle se souvint de Sally et des femmes en sueur dans leur maison maléfique et décida de persévérer.

"Seigneur, quels imbéciles sont ces mortels !" dit-elle pensivement, plagiant inconsciemment.

Le whisky terminé et les affaires de récréation terminées, Max Oldstein paya sa note à contrecœur et retourna au quartier général. Ernie l'a rencontré sur le pas de la porte.

"Guvnor est arrivé. J'attends depuis une heure", l'avertit-il.

Max courut à l'étage, deux à deux, pour voir son père et concocta à la hâte un récit détaillé de l'affaire qui l'avait retenu. Le mensonge n'était pas de mise ce jour-là. Il l'a mentalement classé pour une occasion ultérieure.

Son aîné l'accueillit avec un rire bruyant et joyeux. se demanda Max. Son père lui montra un carton d'invitation avec les armes de la Ville dessus.

"Max, mon garçon ! Regarde ça !" s'écria le vieillard en s'éclaircissant la gorge. "Que penses-tu de papa maintenant, hein ?"

Il se leva, rit violemment et fit trembler sa chaîne de montre en or. Max prit la carte et la lut. C'était une invitation à dîner avec le maire et quelques représentants de maisons de commerce. Il ressentit un pincement au cœur d'envie, puis de fierté.

"Bravo, papa !" dit le fils. Ils se serrèrent la main solennellement. "C'est aussi ce soir !"

"Oui," dit Emmanuel, acceptant l'invitation et fronçant les sourcils. "C'est un idiot à l'offrande, presque avec ma guérison en grand honneur. Voici l'enveloppe. Regardez le timbre. J'ai écrit il y a une semaine, et je ne l'ai reçu qu'aujourd'hui. Mis dans la mauvaise boîte aux lettres. Je J'ai écrit au Pothtmathter-General pour me plaindre. C'est une lettre très forte que j'ai écrite de la part du lord-maire, n'est-ce pas ? »

"'Comment l'as-tu compris, papa ?"

" Dieu sait ! J'ai prêté de l'argent à l'un de mes valets de pied. P'raps, ça m'a aidé ! "

"'Avez-vous accepté ? Vous savez, vous savez !"

"Deux fois ; pour être sûr, j'ai envoyé deux lettres par exprès, de différents bureaux de poste."

"Ma parole, papa, tu dépenses. C'est ce que j'appelle de l'extravagance."

"Non, mon garçon, tu ne dois pas regarder le centime quand il y a un dîner à vingt dollars en magasin. C'est la politique et les affaires aussi. Tu ne peux rien apprendre à Papa, tu ne peux pas ! Maintenant, "Comment ça va ?"

Ils parlèrent de vêtements, des prix du marché et des détails de leur commerce pendant quelques heures, tandis que June écoutait et s'interrogeait. Comme ces mortels ont perdu leur temps à cause de richesses qui ne valent pas la peine d'être possédées !

Elle décida d'aller au banquet au Mansion House.

Lorsque l'horloge du bureau sonna cinq heures, l'aîné Oldstein regarda sa montre pour confirmer la nouvelle et rangea précipitamment ses papiers.

"Je dois partir à Dreth", dit-il à son fils. "Je vais prendre un bain."

Il y est allé, June après lui.

Il s'est dirigé vers l'ouest dans un omnibus lent. La fée s'assit sur ses genoux et, regardant autour d'elle, se sentit déçue par la civilisation.

Enfin, ils s'arrêtèrent à Maida Vale, et le marchand de draps, après avoir parcouru son plein billet de trois penny, descendit deux rues en se dandinant et arriva à sa demeure. C'était l'un des bâtiments d'une rangée, pour la plupart des pensions, dans leur aspect terne et sans ornement, étrangement semblables les uns aux autres. Ils étaient du milieu de l'époque victorienne - l'âge terne ! - et avaient l'air du grattoir à bottes à l'arbre de toit. La résidence privée d'Oldstein, tout comme sa maison de commerce, semblait avoir cruellement besoin de peinture. Ce que la famille pouvait faire a été fait. Ce qu'ils ne pouvaient pas faire, il fallait le faire sans.

« Qu'il y ait de l'argent, mon garçon ; » » et ensuite : « L'année prochaine, peut-être. Et ainsi de suite, saison après saison, année après année. Comme celui d'Alice demain, l'Oldstein de l'année prochaine n'est jamais venu.

Le drapier et sa famille vivaient à quarante-huit ans. La maison suivante était le numéro cinquante. Les deux portes d'entrée étaient immédiatement adjacentes, les entrées séparées par une rangée de grilles rouillées.

En montant les marches, Emmanuel sortit sournoisement de sa poche de poitrine un papier imprimé et plié ; et, se penchant par-dessus la grille, il le déposa doucement dans la boîte aux lettres voisine.

Au même instant, sa porte d'entrée fut ouverte par Hannah, la fille aînée toujours indignée de la maison.

"Ces gens ont encore recommencé !" dit-elle en se froissant avec colère et en jetant une circulaire qu'elle venait de sortir de la boîte aux lettres.

« Le thame Thort ? » » demanda son père en fermant doucement la porte.

"Oui, bien sûr, c'est la quatre-vingt-douzième fois qu'ils passent. Cela me rend fou ! J'ai pris ma décision lorsque le centième viendra - si cela arrive - de donner le plus jeune centime d'Aaron Hyam pour briser." la fenêtre de leur cuisine."

"Ne gaspille pas ton argent comme ça, suis-je millionnaire ?" Il ramassa et lissa la circulaire et commença à la lire à haute voix : « 'Thothiété pour la conversion des Juifs ; une soirée avec Addretheth.' Oh, mets-le avec le compte, Max en fera tout un plat. Laisse-le à Papa, mon cher, j'ai un meilleur plan pour les gérer ; j'ai déjà commencé à le mettre en pratique.

"'Avez-vous, papa ? J'aimerais gratter ce petit nigaud de leur fils. Il me rend fou avec son sourire moche, ses moustaches sablonneuses et son caractère vaniteux. Je lui donnerais des hymnes au coin de la rue. ".

"Un bien meilleur plan, c'est clair. Autant me donner ces petits billets, tous. Ils me seront utiles. Ils sont pauvres, n'est-ce pas ?"

"Ils sont comme des rats de synagogue, si l'on en croit les visages des commerçants."

Hannah était très vicieuse.

"Eh bien, laissez-moi faire. Chaque fois qu'ils nous invitent à nous convertir, je les invite à emprunter de l'argent à moi, à Jabez Gordon. Ils ont déjà lu quatorze de mes circulaires. Je leur ai donné une quinzième. aujourd'hui, c'est le meilleur appât pour ces oiseaux. Fais confiance à papa, ma chère. Ce genre de corps fait toujours un tueur d'hymnes pour un pari tranquille ;

"Vous allez les tondre ?" s'écria-t-elle avec une exultation féroce. Quelque chose de la fille de Jephthé, de Déborah, d'Agar, des anciennes héroïnes d'Israël, vivait dans son sein.

"Oh non, Hannah ! Fleeth ! nous ne fuyons jamais. Je vais les aider à avoir une très bonne naissance, c'est tout."

"Ça fera l'affaire !" dit-elle. "Ils *nous convertissent* ! Les imbéciles !"

"Et avec la chemise bien aérée ?" Il a demandé. "Je suis nerveux à l'égard des chemises blanches et froides."

"Tu trouveras tout bien, papa. L'eau de ton bain sera bientôt prête. Maman est dans le salon en train de repasser ton pantalon de ville. Maintenant ne t'inquiète pas. Attends juste que je prépare tes affaires, et écoutez un air sur le gramophone. Vous avez tout le temps. Le coupé ne sera pas encore là avant une bonne heure."

Il entra dans le salon. June flottait au-dessus de lui. Son éclat se reflétait faiblement sur sa tête chauve et crasseuse. Elle était étrangement curieuse pour une fée noble. La maison du besoin qu'elle avait vue ; maintenant place à la maison du maître !

Ce spectacle l'impressionnait et la déprimait. Elle s'est perchée sur le lustre et a tout étudié attentivement, tandis que sous elle un gramophone - mis en marche par Becky, la deuxième et dernière des filles - faisait retentir un hymne flagrant de la rue.

Le mobilier était digne de la maison – du milieu de l'époque victorienne jusqu'au dernier. Un miroir vert avec un cadre doré, un aigle royal perché au sommet, reflétait une fausse version des objets devant lui. Il y avait une horloge encombrée, avec des ornements noirs assortis de chaque côté ; à chaque extrémité de la cheminée se trouvait un lustre sur lequel étaient collées des taches. Des photographies de célébrités hébraïques – chanteuses, actrices et hommes politiques d'un certain parti pris – étaient disposées sur les étagères et les tables. Il y avait ici et là des albums et des livres illisibles avec des couvertures brillantes et bon marché. Quelques gravures colorées de tableaux sentimentaux étaient accrochées au mur rouge. Une boîte à musique morte, des nénuphars en cire dans une vitrine, et, même si c'est agréable de prendre une photographie verbale d'un intérieur britannique caractéristique et respectable, il n'est pas nécessaire de le faire ici. Nous n'aurons plus besoin de rentrer dans cette pièce.

Plus June observait l'endroit et ses habitants, plus elle se posait des questions. Et puis, pendant qu'elle attendait que M. Oldstein se baigne et se pare de vêtements scintillants, elle décida d'un plan de campagne. Dans ses rêves de prédiction, déjà, dans ce centre de banalité désespérée, elle voyait le Pays des Fées exultant où la vulgarité pesait sur lui.

La croisade devait commencer ce soir-là. Alors laissez Londres espérer !

CHAPITRE VI

POSTPRANDIAL

M. Oldstein s'est rendu au Mansion House dans un coupé loué. Hannah a voyagé avec lui, pour le plaisir du trajet. Il parla de son père, qui avait été publicain à Petticoat Lane.

June était la plupart du temps dans la loge avec le cocher. Elle trouvait plus divertissante de regarder les lumières qui passaient et les boutiques étranges que la conversation à l'intérieur, qui, en fait, n'était pas meilleure que la conversation ordinaire que la plupart d'entre nous discutons.

La fée se reposa. Elle ressentait encore la tension de la foule, le bruit et l'atmosphère ; mais pas aussi sévèrement qu'elle l'avait fait hier lors de son entrée à Londres. Elle s'est reposée de son mieux.

Ils arrivèrent à Walbrook à temps. Emmanuel n'avait aucune intention de rater quoi que ce soit. C'était une chance d'être avalé en entier. La voiture trouva sa place dans la file d'attente et s'approcha lentement du côté du manoir où descendaient les invités.

June observait quelques pigeons en retard qui n'étaient pas encore couchés. Une idée est venue. Dim serait utile ce soir-là.

Elle charma l'un des oiseaux, lui jeta un sort et l'envoya à sa vitesse spéciale à Paradise Court. Le pigeon a bien volé ; cela devait être récompensé.

Au bout de vingt-cinq minutes, il était de retour, avec Bim accroché à ses pieds. June a félicité le pigeon et l'a touché, lui donnant un plumage plus noble. Il n'était plus gris et ordinaire, mais tacheté de couleurs vives et boudeur. Une fierté soudaine a rongé ses qualités les plus calmes. Il n'attendit même pas une minute, comme l'exigeait la courtoisie, mais se retrouva dans le dortoir des pigeons au-dessus de l'architrave, aussi fanfaron et important que Bumble, s'exhibant et se pavanant devant son compagnon, réveillé de rêves domestiques de des œufs bien pondus à contempler et à grogner. Elle avait été très satisfaite du seigneur et maître tel qu'il était.

Le sommeil de Bim l'avait restauré. Il était redevenu son ancien moi aux teintes de baies, et celui de June était toujours aussi dévoué.

M. Oldstein était entré depuis longtemps dans la Mansion House et avait été accueilli par l'hôte et magistrat en chef de la ville, Sir Titus Dodds ; mais tous les invités n'étaient pas encore arrivés. Les plus importants – les représentants de l'Église, de l'État et de la presse à un sou – arrivaient en fait à ce moment-là. Alors June s'envola et Bim gravit ensemble les marches couvertes de rouge et entra à temps dans le palais des festins pour partager le plus grand événement de la vie d'Oldstein.

Bim regardait avec admiration les bas des valets de pied, et Emmanuel suivit son exemple. Il admira et examina le mobilier, les dépendances, les ornements du maire ; les bustes, les tableaux et les tapisseries, évaluant leur valeur avec un vif intérêt professionnel. Cela a dû coûter vingt mille livres ! Il décida de réaménager son propre salon selon les principes de Mansion House, à condition qu'il ait de la chance dans Wardour Street.

Il regrettait maintenant de ne pas avoir recherché pour lui-même les responsabilités et les honneurs civiques. Très cher! L'économie est une mauvaise politique lorsqu'elle coûte quelque chose. Il commença à connaître des espoirs enchaînés en or ; mais l'ambition n'a jamais éteint le commerçant. Il se demanda s'il pourrait laisser tomber subrepticement une de ses circulaires Jabez Gordon sur ce pouf d'angle et décida de ne pas le faire. Il y avait trop de risques.

Il aurait souhaité que sa femme, Hannah, Becky, Max, aient pu le voir dans sa gloire, attendant au milieu de cette haute compagnie, et qu'ils l'aient vu serrer la main du lord-maire – ses doigts picotaient encore de plaisir. Il doit avoir un blason approprié – quelque chose d'or et d'écarlate, avec un lion rampant si possible. Les ambitions sociales s'accéléraient dans son cerveau. Oui, il entrerait dans la vie publique, si cela ne coûtait pas trop cher.

Alors Emmanuel Oldstein a continué à construire ses châteaux, oubliant, oubliant qu'ils étaient basés sur des tas de vêtements cousus et rendus vendables par les aiguilles de femmes en sueur. Cet aspect des faits ne lui vint même pas un instant à l'esprit. C'était le fait dominant : c'était un gentleman, appréciant la compagnie des baronnets et des conseillers communs, reçu dans les murs hospitaliers de cette Sion de probité commerciale et de prospérité : Mansion House.

L'appel de bienvenue arriva enfin et, sous la direction du lord-maire, les invités se rassemblèrent dans la salle égyptienne, lieu de l'ennui du jour et des festivités du soir.

Le banquet était commencé.

June, qui s'avoua ensuite très impressionnée par les robes et les diamants du lord-maire, se percha sur une épergne pleine de délicieuses fleurs printanières. Elle se régalait de leurs parfums et couleurs délicats, tandis que Bim s'étalait paresseusement sur une gelée. Les maîtres de Gog et Magog, se régalant de leurs soupes, de leurs viandes et de leurs friandises, n'imaginaient pas qu'une fée et un gnome les surveillaient. June pensait beaucoup à Sally et à la faim des bidonvilles.

Une bonne heure a été rongée.

Les coupes d'amour furent apportées et distribuées aux différentes tables. Il était temps d'agir. June a donné sa baguette à Bim. Conformément à son ordre, il le trempa profondément dans le vin épicé des coupes d'amour. Ce n'était jamais une boisson courante, c'était presque du nectar maintenant. Il y avait de la magie dedans, et de la chaleur liquide du cœur, une coupe d'amour en effet ! Chacun but la nouvelle ambroisie et passa la coupe à son voisin. Ainsi l'influence de la fée s'est répandue, et le groupe distingué des roturiers a été lié dans une union plus noble qu'aucun d'entre eux ne l'avait connu.

La fête commençait. Comme leurs convives semblaient sympathiques ! quel monde agréable, lumineux et bienveillant c'était ! Ils pensaient que cette générosité de sentiment était leur satisfaction post-prandiale ordinaire, nourris de viandes chaudes et de boissons philistines ; mais la fée au tableau savait mieux. Plus tard, certains invités ont également compris la différence, car ils sont astucieux, ces messieurs de la Ville.

Le toast-master s'est fait remarquer. Il avait une voix magnifique et une grande et large barbe qui s'enchevêtrait dans sa chaîne de montre. Bim n'a pas pu y résister. Il regarda avec envie, puis plaça la baguette sous son coude, fit un bond en avant sur le bras du fauteuil du maire, courut jusqu'au dossier et sauta sur la barbe. Là, il s'accrochait et se cachait, regardant hors de la forêt brune au concours d'heureux gourmands.

Les toasts fidèles ont été portés, acclamés et chantés. Il y avait des conversations et de la musique amateur par des érudits de Guildhall.

Le lord-maire se leva pour porter le toast de la soirée : « Le commerce de Londres ». C'était une image d'une prospérité rubicond, un homme terne et écarlate. Il commença un discours pompeux.

"Mes seigneurs et messieurs, le lord-maire et l'ancienne corporation de Londres ont souvent salué lors de leurs réunions de conseil d'administration hospitalières semblables à celle-ci, mais jamais auparavant, mes seigneurs et messieurs, jamais auparavant, un lord-maire n'a eu le grand honneur d'accueillir à sa table est un rassemblement de dirigeants du commerce plus distingué que celui qui l'orne actuellement.

L'orateur s'arrêta pour regarder ses notes. Une salve d'applaudissements nourris lui a dit qu'il s'en sortait assez bien.

Emmanuel Oldstein, dont le siège était à une certaine distance de l'orateur, se pencha pour mieux entendre. C'est un leader du commerce ! Bien!

« Autour de cette table, continua le lord-maire d'un geste de sa grosse main blanche, se trouvent des magnats des banques, des chargeurs, des marchands de toutes sortes de produits venus des extrémités de la terre, des chefs de chemins de fer, des représentants des tous les départements de l'industrie commerciale. La prospérité du Royaume-Uni – permettez-moi de dire de l'Empire britannique – est représentée ici. C'est une condition de choses heureuse, très heureuse.

Une autre pause pour lire des notes ; un autre roulement d'applaudissements et "Écoutez, écoutez". Des cigares étaient allumés, du vin siroté ; le public était d'humeur particulièrement sympathique. Il est flatteur et délicieux de se rappeler que vous êtes riche et que la baguette dans la coupe d'amour a fait son travail.

La fée qui dirigeait la fête s'ennuyait franchement de cet étalage de prose. Pour ses oreilles critiques, c'était une bêtise.

Il fallait faire bon usage de ce monsieur bavard, autour duquel on brûlait assidûment l'encens du tabac (comment les hommes peuvent-ils faire cette fumée étouffante ?). Elle vola jusqu'à son épaule, resta un moment de réflexion au-dessus de sa tête et le couronna aussitôt de la couronne de fée. Il brillait comme une goutte d'or sur l'espace chauve et brillant, un globule glorieux sur une sphère stérile ; mais aucun des mortels ne pouvait le voir.

Le lord-maire jeta aussitôt ses notes. Il avait gagné la confiance de Démosthène. Il sourit et se prépara à faire un effort. Son faste était oublié ; son hésitation a disparu.

June faisait un miracle. Les merveilles ont continué. Jamais auparavant, lors d'un festival à Mansion House, un discours tel que celui qui devait alors être prononcé n'avait été entendu ; mais maintenant, on l'entendait… et on l'applaudissait. June est revenue à l'Epergne pour écouter. Elle avait désormais des raisons de s'intéresser. Bim, voyant les activités de sa maîtresse, sortit de son enchevêtrement et revint s'asseoir les jambes croisées sur la table pour regarder et écouter avec les yeux et la bouche au maximum, jusqu'à ce que la chaleur et la fumée fassent des ravages et qu'il s'endorme.

"Maintenant, mes amis et concitoyens, je veux vous parler d'homme à hommes. J'ai posé clairement une question claire, et vous accepterez sa vérité. À quoi sert notre richesse si elle n'est pas bien utilisée ? Comment peut-il nous apporter le vrai bonheur, s'il n'apporte pas aussi le bonheur aux autres ? Aimeriez-vous penser que vos possessions signifient le manque chez les autres ?

"Non!" cria Emmanuel Oldstein.

"Non!" » ont crié tout le monde.

"Bien sûr que non. Vous êtes de vrais hommes. Princes du commerce ! Et pourtant regardez les faits en face. Notre richesse apporte-t-elle à ceux qui nous aident à la créer quelque chose comme une récompense adéquate pour leur travail en bonheur ou en nature ? Ce n'est pas le cas. !"

Les hommes se levèrent de leur siège pour crier leur accord avec cette déclaration.

Était-ce la Tory City ou une Tower Hill améliorée ?

Le porte-parole – dans sa vie privée un radical bavard, qui votait toujours conservateur – écoutait avec perplexité et étonnement. Il n'avait pas bu de la coupe d'amour comme l'avaient fait les invités. Ce discours ne leur était pas étranger ; ils comprenaient, ils sympathisaient et le ponctuaient par intervalles d'acclamations enthousiastes. C'était exactement ce qu'ils voulaient.

L'archidiacre Pryde, qui toute sa vie avait constamment bloqué le progrès avec de nombreux mots de sincère sympathie, sourit de bénédiction et tapota la table, encourageant bruyamment le lord-maire à poursuivre sa révolution. » poursuivit le lord-maire. Bien plus, il a battu un autre record, établi un autre précédent pour Mansion House, fait ce que M. Pickwick a fait : il s'est tenu sur sa chaise pour être mieux entendu. Le maître du toast regardait et écoutait, profondément affligé.

"Cela fait tout juste six mois que la Ville m'a fait l'honneur de m'élire Premier Magistrat. J'ai essayé de faire mon devoir. J'ai essayé de bien servir la Ville."

"Vous l'avez fait, vous l'avez fait!"

"La moitié de mon mandat est terminée. La seconde moitié commence. Pendant le temps qui me reste, j'ai l'intention de faire quelque chose pour rendre mon année de mandat plus que jamais mémorable et digne de la Ville. Je vais utiliser mon opportunité et ma richesse pour donner l'exemple et réparer une partie du mal que beaucoup d'entre nous ont commis sans réfléchir. Je compte sur les dirigeants du Commerce pour m'aider, messieurs, n'est-ce pas ? »

Il regarda autour de lui depuis son siège, la citadelle olympienne, et fut encouragé à continuer. Tous les invités écoutaient avec impatience. Les cigares s'éteignaient. Le vin dans les verres a été oublié. Le visage de l'orateur était au centre de huit cents yeux.

"L'argent est une bonne chose", a-t-il poursuivi. "Il est nécessaire aux activités économiques et à la vie commerciale. Entre des mains privées, bien utilisé, il apporte confort, liberté, bonheur à d'innombrables foyers. Ne méprisons jamais les belles choses de la vie !"

"Entendre entendre!" » dit l'archidiacre Pryde.

"Mais trop de richesses entre quelques mains est un mal qui entraîne des résultats désastreux. Où y a-t-il plus de malheur que chez ces multimillionnaires, en Amérique en particulier, dont la masse de possessions ne cesse de croître, augmentant leurs responsabilités et leurs angoisses harcelantes, les hantant avec peurs paniques d'une ruine rapide ; inutile dans son immensité, espiègle, avare ? Comme une horreur dorée, ce monstre de Frankenstein d'une richesse excessive apporte à sa suite l'insomnie, la folie, la mort.

Sir Titus s'arrêta de nouveau ; et une fois de plus balaya les visages de ses auditeurs d'un regard vif. La pièce était aussi calme qu'une église fatiguée. Le toast-master partageait désormais l'intérêt des invités. June était assise sur l'epergne en souriant. Bim ronflait sans bruit.

"C'est triplement une malédiction quand, son créateur mort, elle passe aux enfants. Pensez à ces victimes de la fortune et ayez pitié d'elles. Au début, ils sont heureux parce qu'ils possèdent tant de choses. Ils projettent de jouir d'une infinité de plaisirs. , et se demandent comment ils peuvent dépenser le trésor que leurs pères leur ont laissé. Ils sont des victimes prises dans les labeurs. La grande machine continue de tourner. Mais les ouvriers peinent, souffrent et manquent. Le cerveau qui a guidé leurs opérations est devenu froid. Les nouveaux contrôleurs des machines sont relativement affaiblis. Le vieux génie a disparu, sans aucun doute, mais le patron, le chef de l'entreprise, est mort, et le sien. le poste ne peut pas être pourvu.

"Écoutez, écoutez ! Écoutez, écoutez ! Écoutez, écoutez !"

L'accord s'est fait dans un grondement, suivi d'appels au silence.

"Il y a des dislocations dans les machines, des troubles ouvriers, des colères, des grèves. Je n'ai pas besoin de vous détailler les conséquences des organisations industrielles gonflées, ni les troubles infinis qui arrivent aux entreprises surcapitalisées ou dirigées par l'incompétence. Laissez-moi, à l'heure actuelle, contentez-vous de vous rappeler les effets sur les enfants malheureux et frappés par la fortune. La folie mondaine des pères s'est abattue sur eux toute leur vie, ils ont été préservés de l'expérience. Ils n'ont pas été autorisés à apprendre du contact avec les rudesses. du monde. Ils ont été des bébés gâtés, des enfants choyés, des jeunes dorés ; ils grandissent ainsi dans des responsabilités dont ils ne peuvent pas se rendre compte, et sont perpétuellement aveugles aux faits, victimes de la rapacité des coquins, des marionnettes de la mode, des outils et des imbéciles. dépensiers, extravagants, faibles, moralement ruinés, le plus grand mal qu'un homme puisse faire est de laisser à ses fils tellement d'argent qu'ils n'ont plus besoin de travailler, c'est le jeu ; Mieux vaut être pauvre de cerveau et de caractère que riche de la fortune de Dives et de Crésus. N'est-ce pas ?"

"C'est!" » approuva l'archidiacre en baissant les yeux. Il avait une belle voix, entretenue par des losanges constants, de sorte que son approbation se faisait entendre dans toute la pièce.

"Entendre entendre!" criaient les autres.

"Les enfants inutiles des trop riches sont, à de rares exceptions près, des prodigues, des dépensiers, des mouettes de coquins sans scrupules - aucune malédiction ne peut être plus grande que les inégalités flagrantes et multiples qui proviennent d'une richesse excessive. Je n'ai pas besoin de vous rappeler davantage ces faits. , car vous êtes des hommes réfléchis et sympathiques. Mais ce conseil, je me risque à le donner, et je m'engage désormais à le respecter lorsque vous aurez assuré votre suffisance pour le confort, pour une entreprise industrielle légitime, et pour la formation et l'équipement appropriés de ceux-ci. dépendant de vous, ne pensez-vous pas qu'il vaut mieux, au lieu d'accumuler et d'accumuler encore des tonnes de richesses non requises, d'utiliser le surplus pour le bien commun, pour l'amélioration de la localité et pour le bien-être de vos voisins et camarades ? faites cela, je m'y engage. Demain, je me rends à mon bureau et veillerai à ce que chacun de mes employés ait un salaire équitable et une perspective sûre, pourvu qu'il fasse son devoir.

De tels applaudissements d'approbation retentirent, interrompant le discours du lord-maire, que Bim se réveilla en sursaut. Il s'assit et regarda autour de lui avec effroi ; mais voyant June assise parmi ses fleurs et riant, il redevint le gnome courageux.

Il ramassa la baguette et alla se promener le long de la table, touchant sans raison les mains des hommes tandis qu'il passait, les poussant à applaudir et à frapper plus fort. Il était ravi de détenir de tels pouvoirs. C'était une comédie tirée du Pays des Fées, une farce avec une fin efficace.

Le Lord Maire descendit de sa chaise et leva sa coupe de champagne. Sa voix prit un nouveau sérieux :

"Messeigneurs et messieurs, je n'ai pas oublié le toast que je vous demande de boire. "Le Commerce de Londres" est un fait puissant, un hommage à nos énergies nationales et à notre honorable réputation. Il est puissant, mais sa puissance pourrait être plus grande. que jamais pour assurer le bonheur humain. Il suffit d'un peu plus d'humanité, de sympathie, d'imagination, de sacrifices faciles de notre part . Nous, les maîtres, pouvons faire de grandes choses. Nous n'y parviendrons pas. nos moyens et notre richesse seront sensiblement réduits en garantissant que ceux qui dépendent de nous ont suffisamment pour vivre dans la décence et le confort ; et nous ne perdrons rien qui vaille la peine d'être conservé si nous refusons résolument de condescendre à des maux aussi médiocres que la transpiration, la construction de bidonvilles, la sauvagerie. spéculations sur les chats et entretien des bidonvilles. Vivons bien et évitons de mourir en laissant derrière nous des fortunes absurdes. Permettez-moi de faire un aveu public. Je possède cinq maisons dans une rue du sud de Londres. mal drainés, loués en rack, je le connais bien, mais je n'ai jamais pensé aux faits réels à leur sujet jusqu'à présent. Ces maisons seront détruites ; et, à leur place, des bâtiments construits qui fourniront des logements décents et confortables à un loyer équitable aux occupants actuels. Je ne perdrai pas grand-chose, voire rien, à cause de cette amélioration ; mais le bonheur que j'en gagnerai sera incommensurable. Il n'y aura plus de squelettes dans mon placard désormais. Mes seigneurs et messieurs, dois-je partir seul dans cette croisade ? Me rejoindrez-vous dans cet effort pour le bien de l'humanité ? »

Chaque membre de l'assemblée, y compris le toast-master, se leva à sa place et cria « Oui ! »

"Alors puis-je suggérer que chacun de vous prenne son menu et y écrive des résolutions - pas de croûte à tarte ne les promet, pas de bonnes intentions pour le Nouvel An, mais des résolutions à respecter et à respecter avec détermination ? Si j'échoue dans mon intention , huez-moi et lapidez-moi à la fin de mon année de mandat ; mais je n'échouerai pas !

June s'envola et, s'agenouillant sur le sommet de la tête du lord-maire, si ronde, si lisse et si brillante, l'embrassa avec délice. Une nouvelle inspiration lui vient alors :

« Au-dessus des résolutions, écrivez : « Rendons Londres digne des fées ! Mes seigneurs et messieurs, je vous porte un toast. »

Ils le buvaient en petites quantités.

CHAPITRE VII

FONCTIONS ARCHIDIACONALES

Lorsque l'excitation qui suivit le discours du lord-maire se fut quelque peu apaisée, on emprunta et on taille en toute hâte des crayons.

Le lord-maire rédigeait ses résolutions avec brio.

"Je vais faire encadrer ça", dit-il en regardant la tête inclinée vers le menu inscrit. L'archidiacre a écrit le sien en vers latins. Emmanuel Oldstein, au loin, commençait le sien avec un crayon d'or gros comme un cigare ; puis il s'arrêta, perplexe.

"'Ow, appelez-vous les fées - oh, et qu'est-ce que les fées ?"

Il avait une légère crainte qu'ils aient quelque chose à voir avec le Livre de Prière Commune.

L'homme auquel il s'adressait était un personnage, l'ancien maître d'une compagnie municipale, qui n'avait plus de salle et qui avait la chance de disposer d'un revenu décroissant de soixante-dix livres par an.

« Les fées, commença-t-il avec un air terrible d'autorité, les contes, vous savez, ah ! les fées.

Bim, qui se trouvait se promener dans sa partie de table, entendant cette hésitation sur le sujet le plus réel et le plus important sous le soleil et la lune, leva la baguette et lui donna un coup punitif sur les jointures. Le Maître Pasteur était aussitôt une autorité informée. Il parlait comme un écolier qui connaît trop bien sa leçon, avec précipitation, avec désinvolture.

"Les fées sont les imitateurs des dirigeants du monde. Là où est la beauté, là où est la pureté, là où est l'amour, là est le Pays des Fées. Obéron est le roi, la reine Titania. Les petites gens sont les seules réalités vivantes. Nous--vous-- Moi, ces autres, je suis des ombres, rien que des ombres ! » Il fit une pause. "Puis-je vous déranger pour me passer cette bougie ?" » demanda-t-il en allumant un nouveau cigare.

Oldstein était impressionné. Il rédigeait ses résolutions – il y en avait nécessairement beaucoup, car ses défauts sociaux passés avaient été nombreux – avec fermeté et lenteur, dans une bonne main commerciale. Pendant ce temps, la musique jouait et il y avait des discours brefs, extatiques et sans inspiration, construits sur le modèle de ceux du lord-maire. June attendait un gibier plus élevé.

Enfin, la voix du Toast-master retentit pour le dernier de leurs orateurs.

"Messeigneurs et messieurs ! Priez le silence pour le vénérable archidiacre Pryde !"

L'ecclésiastique glissa une dernière pastille de voix entre ses lèvres et l'absorba calmement, tandis que les applaudissements qui saluaient son lever se poursuivaient. Les applaudissements et les coups sur la table ayant pris fin de manière inattendue et abrupte, il avala d'un trait le reste de la pastille.

« Messeigneurs et messieurs, le toast que j'ai le privilège de proposer est d'une manière particulière aussi le toast du soir. Je vais vous demander de boire avec moi à la santé de notre hôte, le très honorable lord-maire ! "

Pendant ces paroles, Bim avait remonté la manche droite du manteau de l'archidiacre. C'était une belle pièce d'alpinisme. Il arriva sain et sauf au sommet et s'accroupit les jambes croisées sur l'épaule droite de l'orateur, fier et satisfait, avec l'intention de diriger les acclamations avec des coups de baguette. June décida une fois de plus d'avoir une influence au sein du conseil d'administration, alors elle s'approcha de la tête archidiaconale et coiffa respectueusement ses tresses corbeau avec la couronne ; puis elle s'allongea sur la douce pente de son épaule gauche. Là encore, l'effet de la couronne fut instantané.

L'archidiacre, avouons-le, avait préparé un discours. Ce devait être plein d'adulation et un impromptu soigneusement réfléchi. Il devait y avoir une épigramme grecque, deux citations de Shakespeare, une de Stow, une de la propre version des « Géorgiques » de l'archidiacre, deux vieilles histoires de Punch et une référence – glissée d'une manière ou d'une autre – aux papyrus d'Oxyrhynchus. . La péroraison, telle qu'elle était conçue, était une image dorée, avec des dalles violettes, du vaste, vaste Empire encerclant, avec la généreuse table du lord-maire comme centre. Ce discours était comme l'héroïne d'un conte d'amour à l'ancienne, belle et condamnée.

L'orateur a haleté lorsque la couronne l'a touché et a crié : « Ahem ! Puis les mots arrivaient dans un torrent, des eaux tumultueuses, tumultueuses, liquides et verbales de Lodore. Il serra le poing et regarda sévèrement ses auditeurs.

" Ce n'est pas une soirée conventionnelle. Le lord-maire, honneur à lui !, a donné un exemple de détermination et de courage, que je suivrai sans hésiter. Il était une fois, chers amis, j'étais un vicaire, pâle et jeune. C'est vrai, mais aussi ambitieux et plein d'espoir. Je voyais le monde comme un vaste désert, attendant d'être racheté de son vide, d'être à nouveau orné de roses en fleurs, comme nous l'a dit l'immortel barde d'Avon - mais peu importe. que maintenant ! je me disais dans ces jeunes jours : Me voici, choisi pour participer à la plus grande œuvre qui puisse être accomplie par l'homme. Me voici, adoubé par mes camarades révérend. La tâche que j'ai à accomplir est grande. Je le ferai. Messieurs, je ne l'ai pas fait. Pendant sept mois, j'ai travaillé comme j'aurais dû le faire, puis l'adulation et les goûters m'ont fait du mal, j'ai oublié mes premières aspirations, j'ai perdu mes jeunes idéaux, j'ai oublié le sacré. caractère - le privilège responsable - de ma vocation, et j'ai commencé ce long processus de courtoisie minutieuse qui m'a valu une appréciation du monde, une correspondance abondante, de nombreux paragraphes dans les journaux et une vie inutile. Voici en moi un archidiacre qui a perdu les illusions ! un archidiacre qui les retrouvera ! »

Bim agita sa baguette ; et, le lord-maire en tête, l'assemblée enthousiaste se mit à applaudir. L'archidiacre regarda autour de lui avec satisfaction : ses paroles n'étaient pas souvent appréciées ainsi ! L'idée qu'il devait lui aussi monter sur la chaise pour mieux parler lui traversa l'esprit. Mais ce n'était pas le cas. La dignité archidiaconale n'est pas une chose légère ; même le pouvoir de juin aurait difficilement pu le lever.

La fée régnante, appuyée sur son épaule gauche, la tête appuyée contre le col de son manteau, oubliait le présent dans ses rêves éveillés. Dans son monde mental, elle erra de nouveau à travers les clairières du Pays des Fées, éclairées par le soleil, hantées par les fleurs et brillantes de rosée ; et chantait une chanson devant un public de troglodytes et d'écureuils. Le flux régulier des discours religieux, bien que si proche, ne semblait à ses sens chargés de rêves que le souffle du vent à travers les branches charmées, le roulement d'une mer lointaine, le murmure des cascades tambourinant sur les rivières gonflées - musical, apaisant.

"Mes amis, nous avons besoin d'illusions : plus encore que de dividendes, nous avons besoin de rêves. Nous, les hommes pratiques, n'avons-nous pas beaucoup perdu à cause de notre simple pragmatisme ? Nous avons été trop prudents, nous avons négligé le don de Le monde a perdu énormément de vision, et le moment est sûrement venu où Quichotte devrait revivre. Nous voulons quelqu'un d'assez courageux et suffisamment altruiste pour s'opposer aux moulins à vent, peut-être pour détruire les ombres laides qui effraient, certainement pour recréer le chevalier errant. , et donnez à Mme Grundy, la meilleure moitié de Mammon, son bon renvoi. Ah, mes frères, combien je vous le demande ! La convention est la plus grande des citadelles à conquérir pour les hommes faibles. - au lieu de supprimer les formalités, le snobisme et les étroitesses - dues au manque de sympathie et à la perte de la faculté tactile, comme l'appelle Ruskin - qui entravent l'humanité de l'homme. Ce que dit Tennyson - oui, je dois vous citer cette citation. --

« Doux saint François d'Assise, voudrait-il qu'il soit de nouveau ici ! » - souhaiterait-il qu'il soit ici, pour adoucir le monde égoïste d'aujourd'hui comme il a adouci le Moyen Âge ! Et pas seulement. Nous voulons les saints. --chacun--avec son altruisme et son ravissement, pour revenir. Oh, si nous pouvions aussi voir des auréoles autour de la tête des hommes, Jeanne d'Arc, la fille aux lys de Domrémy, cela, nous le voudrions ; elle pourrait revenir, apportant l'inspiration de ses Voix pour nous aider à nous débarrasser des tyrans de l'égoïsme, de la luxure, des formalités insensées et de l'avidité, qui pèsent et mettent en danger notre terre bien-aimée !"

L'archidiacre s'arrêta (il jouissait pleinement de son éloquence) pour s'humecter les lèvres de vin. Bim toucha le liquide doré avec la baguette, attirant le propos de l'orateur vers les fées.

"Jeanne de oo, tu as dit ? Jeanne de quoi ?" demanda Emmanuel au Maître Passé.

"Chut, mon ami!" » fut toute la réponse qu'il reçut. Le Maître Passé voulait dire « Tais-toi ! » ; mais l'influence dans la coupe d'amour imposait des euphémismes.

" Le Lord Maire, dans un moment de splendide inspiration - oui, de splendide inspiration - nous a ordonné de vivre et de faire de telle sorte que Londres soit rendue digne des fées. Une idée délicieuse ! Soyons à la hauteur de cet appel. Mais avant tout, nous devons nous nous arrêtons et réfléchissons ? Que sont les fées ? Que sont les doux invisibles, fruits de l'imagination heureuse, sous l'influence desquels les bourgeons s'ouvrent et deviennent de belles fleurs, les oiseaux élèvent leurs chants, et nous sommes tous de délicieuses fantaisies ! En vérité, ce serait bien pour nous et pour nos semblables si nous pouvions faire de cette grande ville, ce centre de l'Empire - ne pouvons-nous pas considérer cette table généreuse comme le cœur de ce centre ? - ce centre influent du vaste monde, une joie. aux délicats habitants du Pays des Fées ? Nous pouvons le faire ainsi, et, mes amis, nous le ferons – je le répète, nous le ferons !

Bim était assez frénétique face à cette annonce audacieuse. Avoir un véritable archidiacre prononçant la bénédiction sur Fairyland était au-delà de toute expression délicieuse. Aucun aristocrate de banlieue mentionné dans un journal londonien n'aurait pu se réjouir plus pleinement. Il s'est perdu dans l'extase et a obligé le public à applaudir pendant trois bonnes minutes, jusqu'à ce qu'ils soient enroués et commencent à se sentir stupides. L'archidiacre profita de l'enthousiasme largement répandu pour manger une autre pastille vocale.

"Les fées seront avec nous dans notre entreprise ; les anges aussi. Ces deux forces spirituelles sont de notre côté. Cher moi ! cher moi ! Comme cela semble merveilleux ! Passons maintenant aux faits ! Naturellement, depuis mon bureau, je suis le plus préoccupé par le matérialisme. autour de nous, un matérialisme qui trouve son expression dans la laideur haineuse et arrogante qui abonde dans notre Londres, ainsi que dans l'économie insouciante, l'ivresse et le vice, les excitations mesquines du jeu sous ses nombreuses formes, la misère, la pauvreté, le besoin, qui font de vastes zones de cette Métropole sans égal une Ville du Diable. Chacun ici connaît, comme moi, la honte de tout cela et la plus grande honte qui pèse sur nous, les hommes pratiques, pour l'existence ; , la persistance, la continuation de cet état de choses. C'est inique, intolérable ; pourtant cela continue-t-il pendant des années, ou des semaines, ou des jours ? Par exemple, le maire a rédigé des résolutions qui, si elles sont respectées, modifieront partout ce mal et y mettront fin en partie. Plus nous serons fidèles à nos intentions et honorerons nos engagements volontaires, plus tôt la fin de ces iniquités viendra. Notez bien ceci, messieurs. L'avidité ou l'insouciance – plus cette dernière que la première – des individus a fait des ravages. Seuls le désintéressement et le soin scrupuleux des individus peuvent y remédier. Il ne sert à rien de demander au gouvernement de faire le travail. »

"Entendre entendre!"

"La machine ministérielle est un instrument fastidieux. Il lui faut le souffle des dieux pour l'inspirer, pour la faire avancer dans le bon sens, puis elle est susceptible de s'effondrer soudainement et finalement, d'une manière étonnamment humaine. L'État est un monstre endormi et sans conséquence, qui lorsqu'il agit est susceptible de le faire comme un orage, avec violence et mais avec de bons résultats. Ce sont les individus - vous, moi, l'homme de la rue - qui peuvent faire les choses, si nous le voulons : et maintenant nous devons les faire. Nous nous y sommes engagés. Nos paroles ont été enregistrées par les Mercures de la Presse pour être - dans une heure environ - diffusées dans toutes les régions de l'Angleterre, pour finalement atteindre les limites les plus éloignées de l'Angleterre. la terre. Nous sommes tenus, dans l'honneur, de tenir nos paroles ! »

Après cette bouchée d'éloquence, l'archidiacre fut de nouveau obligé de s'arrêter. Mais le public, dont l'excitation était exacerbée et accélérée par l'insistance de Bim, criait sans cesse : « Allez-y ! Allez-y ! tandis que June, loin de cet effort de prose politique, rêvait de Faerie.

Elle était de retour dans la Vallée Violette. Elle vit Obéron et Titania, avec leur cour la plus merveilleuse. Elle entendait la mélodie argentée d'innombrables voix d'elfes, elle écoutait avec une intention vénérable les trilles et les palpitations des rossignols, elle connaissait l'accueil des fleurs, le souffle d'un vent doux voyageant sur les herbes ; et puis, à travers les joies du rêve, ces influences l'ont appelée – l'ont appelée à la supplier de quitter sa folle quête erronée dans ce monde de poussière et d'ombres, et de revenir au bonheur et à la beauté de l'ancienne vie aimée.

Fairyland, de toutes ses voix, la suppliait sincèrement ; cela lui attirait le cœur avec sa magie et lui donnait envie d'y retourner ; mais… non, cela ne devrait pas être le cas !

L'archidiacre continua à parler. Bim était désormais satisfait. Il se recoucha pour se reposer.

"Je suivrai l'exemple de notre hôte en vous disant ce que je ferai. Mes revenus sont de mille dollars par an, avec une maison. Que me faut-il, même après avoir satisfait aux appels de l'hospitalité nécessaire, avec plus de quatre cents dollars par an ? Je je devrai sacrifier certains luxes, c'est vrai ; mais j'aurai trouvé un nouveau luxe – le meilleur de tous les luxes – de savoir que grâce à une utilisation plus large de mes revenus, un confort – impossible auparavant – sera apprécié dans douze pauvres. maisons des ecclésiastiques. En donnant cinquante livres par an à chacun de ces serviteurs méritants de l'Église, je réduirai leurs inquiétudes, m'assurerai qu'eux et leurs familles bénéficient d'un meilleur niveau de confort, et ainsi rendront ceux-ci, mes camarades du tissu, meilleurs et des ouvriers plus efficaces pour la cause. Je mettrai comme condition du don que chacun d'entre eux agisse cordialement avec les autres prêtres et ministres de sa paroisse, quelle que soit leur dénomination, car, même si nous devons et serons en désaccord sur ce point ; points de doctrine - jusqu'à ce que la vérité soit trouvée dans le monde invisible - nous devrions tous être des soldats sous une même bannière, unis pour une seule cause, bien que dans des régiments différents, faire avancer le bien, mettre fin au mal, relever ceux qui sont tombés. combattre le péché, encourager les faibles, découvrir et détruire les causes qui, si elles ne sont pas contrôlées, conduisent à la famine, à la maladie et à la mort du corps, de l'esprit et de l'âme. Dans ce but, tous les hommes et femmes, membres des Églises et ceux qui suivent la lumière sans appartenir à aucune branche organisée de l'Église, devraient voir les uns dans les autres des camarades, unis dans le grand dessein de faire briller le monde de beauté, d'amour. et bonheur."

Bim, fatigué par son enthousiasme passé, s'était peu à peu endormi. Il saisit fermement la baguette, même s'il dormait. June, sur l'épaule gauche, était toujours dans les clairières des fées. C'est pourquoi l'archidiacre était devenu si sérieux, et son style et ses paroles plus adaptés à ses guêtres.

Les invités suivaient toujours son discours avec impatience et étaient renforcés dans leurs nouveaux idéaux et leurs déterminations courageuses par son discours audacieux et clair. C'était le banquet le plus étrange auquel ils aient jamais assisté, mais aucun d'eux ne le pensait ; et les adresses non conventionnelles semblaient exactement ce à quoi on aurait dû s'attendre.

"Encore un mot personnel dans mes remarques finales. J'ai eu de nombreux critiques, qui n'ont pas hésité à dire que j'étais à la hauteur de la signification de mon nom. Peut-être que oui ! Peut-être qu'ils avaient raison. Mais croyez-moi, j'étudierai pour réduire mon orgueil. Je peux voir maintenant, comme je ne l'avais jamais vu auparavant, à quel point j'ai eu tort d'oublier l'humilité. Pour un ecclésiastique, être mondain, c'est être indigne de sa foi. Ce sera une dure bataille pour s'en débarrasser. d'habitudes et de tendances anciennes, résultats d'une longue coutume ; mais j'essaierai sincèrement d'agir de manière à ce que le moindre vagabond du bord de la route, l'enfant le plus pauvre, le vieil homme ou la vieille femme le plus humble, puisse voir en moi quelqu'un comme moi. eux-mêmes, un camarade et un assistant."

Il s'arrêta et se souvint de la péroraison, laborieusement préparée sous la lampe du bureau ; et a décidé de l'abandonner. Il a terminé simplement.

"C'est le lord-maire, par sa direction et son exemple heureux, qui a commencé ce que je crois être pour nous tous une grande révolution. Mes seigneurs et messieurs, je vous prie de vous joindre à moi pour boire à sa santé."

Ils l'ont fait.

CHAPITRE VIII

HOMME ET SUPERMAN

Le banquet s'est terminé dans un bruissement de langues. Les invités se levèrent et, groupés en groupes, exprimèrent avec empressement leurs vues sur les événements de la soirée. Emmanuel Oldstein, sa nature adoucie par des plats inhabituels et des appels étranges, s'est précipité pour boutonner l'archidiacre et construire un monument de promesses. L'ecclésiastique, très audacieux, lui demanda de prendre le thé, lorsque les résolutions ravies furent accomplies.

Tel fut le début d'une révolution fomentée par un lord-maire de mèche avec une fée. Que ne pourraient pas faire de telles puissances si elles coopéraient plus fréquemment !

Sir Titus donna un bonsoir général et se retira dans ses appartements privés pour convertir la dame maire à ses vues, ce qui n'était pas une tâche facile, comme Sir Titus le savait très bien. June, accompagné de Bim – qui en partant saisit une brassée de fleurs fraîches du printemps – partit, et les mortels repartirent.

Les deux hommes de Fairyland se tenaient près des grilles du Mansion House et regardaient les voitures s'arrêter et s'éloigner, transportant avec détermination leurs charges d'hommes excités. Ce n'est que lorsque le dernier moment fut passé et que la ville reprit son état habituel de paix relative que June et lui se dirigèrent vers Paradise Court.

Comment aller là? Un taxi solitaire attendait sur le trottoir de l'autre côté de la route, le chauffeur parlant de pneus et de chevaux de course à un fainéant. Le chauffeur faisait partie de la brigade impossible, qui marquait sa supériorité sur les gens ordinaires en dédaignant d'accepter des passagers sauf lorsque cela leur convenait exactement. Juin a vu ce monarque de la route rejeter les prières de cinq voyageurs bloqués pour la seule raison que son point de vue sur le prochain Derby n'était pas encore pleinement exprimé.

Alors elle a agi. Elle prit sa baguette et l'agita. Une expression perplexe apparut sur le visage de l'homme. Il monta sur le siège de la cabine, bougea le volant, actionna un levier et se dirigea vers l'endroit où la fée et le gnome l'attendaient. Le fainéant et un policier intéressé qui étaient arrivés semblaient étonnés par cette comédie mystérieuse.

Ils regardèrent la machine s'arrêter, le conducteur descendre et ouvrir la portière avec un grand respect pour... rien. Ils virent le taxi, à sa meilleure vitesse, passer rapidement dans Cornhill et se précipiter vers l'est. Lorsqu'il fut hors de vue, le fainéant poussa un sifflement incrédule et le policier trouva des paroles émerveillées. "Eh bien, je suis époustouflé !" C'était tout ce qu'il pouvait dire.

Leur étonnement n'était rien comparé à celui du conducteur. Il était stupéfait. Il ne pouvait rien faire d'autre que de poursuivre sa route, dirigeant hardiment la voiture dans des rues bruyantes, voyageant comme s'il était guidé par une influence invisible et écrasante, ici et là, à travers d'étranges voies tortueuses, jusqu'à ce qu'instinctivement il freine et s'arrête à côté d'un méchant pub. à l'entrée d'une ruelle.

Précipitamment, comme s'il craignait de faire attendre des clients importants, il sauta de son siège, rouvrit la porte du taxi apparemment vide et rendit de nouveau hommage.

Puis, lorsque les passagers invisibles furent descendus, il ferma la porte avec fracas et jura à fond jusqu'à ce qu'il trouve du soulagement.

June n'entra dans aucune des maisons, mais avec Bim suspendu au bout de la baguette - son bras gauche serrant toujours les fleurs - s'envola jusqu'au toit, le portant avec elle.

La réaction fut immédiate. L'excitation et l'intérêt des débats de la journée l'avaient soutenue ; mais maintenant, quand l'heure du calme était venue, elle tombait dans un état de torpeur et de dépression. Elle oublia ses triomphes, perdit l'exaltation que le succès avait suscitée en elle et connut, plus encore qu'après sa première arrivée, la grossièreté et la laideur presque désespérée qui l'assaillaient. Pour la première fois dans une vie délicieuse, elle a eu le blues.

C'était une opportunité pour Bim.

Les longues périodes de sommeil l'avaient reposé et il s'était montré moins sensible que June aux effets de leur environnement. Il prit les fleurs et, de ses doigts rapides, tissa autour d'elle un berceau de fée. Les coupes blanches et jaunes et une violette pourpre, rafraîchies par son affection, reprirent vie en sympathie. June, notant l'utilité de Bim, reprit courage et courage. Pendant toute une journée, elle resta harcelée et lasse ; mais le lendemain soir, elle reprit sa tâche.

Elle volait langoureusement jusqu'au bord d'une cheminée et étudiait le monde qui l'entourait. Toits noirs, maisons miteuses, fenêtres aveugles et lumières éblouissantes de tous côtés : sur tout cela s'étendait la brume qui l'avait effrayée.

"Pauvre humanité !" murmura-t-elle, « condamnée jour et nuit, année après année, de la naissance à la mort, à être enfermée comme ça !

Elle ne perdit pas d'énergie à exprimer une apostrophe, mais fit des projets immédiats. Elle s'est occupée des fleurs que Bim avait sauvées de la mort.

Elle toucha les extrémités coupées et renforça leur pouvoir de vie ; puis, avec amour, elle disposa les meilleurs d'entre eux autour du pied poussiéreux de la cheminée. C'étaient des biens précieux, des trésors à accumuler.

Bim avait vu dans un bac à fleurs oublié dans un coin du moule de la cour, cueillies des années auparavant dans un jardin perdu. Cela ferait l'affaire ! Il alla en chercher, tandis que June se tenait sur le parapet plat et regardait le terrain en contrebas.

Ténèbres, saleté, pourriture ! Comme c'est très semblable à la vie en ville ! Elle regarda au-dessus du ciel blessé. Deux planètes et la lune brillaient faiblement à travers la fumée de Londres. La fée aspirait à être au-dessus de ce nuage, à nager dans l'océan azur de la nuit, à être plus proche des étoiles, plus proche des idéaux, plus loin des hommes qui ratissent la boue. De haut en haut et de plus en plus !

Elle déploya ses ailes et gravit les escaliers de l'alouette. Elle montait de plus en plus, délirante de joie maintenant, pensant aux pensées que chante le laverock. Pendant un moment, elle oublia complètement la lassitude et le chagrin, et ne connut que la joie de vivre et la passion d'être plus près de la lumière.

Ses ailes ne cessèrent de battre que lorsqu'elle fut sortie de la brume, respirant à nouveau cet air serein qui est, en effet, pour les hommes et pour les fées, la vie. Puis, reposant sur ses ailes déployées, elle resta immobile, un atome de potentiel lumineux, ruminant les kilomètres de la ville sinistre.

Son cœur devint lourd et désolé à cause des fardeaux des hommes. À ses yeux, Londres était un désert en ruine, éclairé ici et là par des fusées éclairantes jaunes. Là où s'étendaient les parcs, il n'y avait qu'une simple obscurité, entrecoupée de dalles d'étang et de lac faiblement brillantes tandis que le clair de lune enveloppé tombait sur eux. La Tamise, à l'exception des lueurs occasionnelles du clair de lune réfléchi, n'était qu'un ruban gris, un coin enfoncé dans l'obscurité, un fait inquiétant.

La canopée rouge de brume qui, chez les Elfes, l'avait opprimée s'étendait en dessous. C'était une barrière entre l'homme et les étoiles, lourde et palpable. Les mondes brillants qui confèrent de la magie à la nuit ont une si puissante influence sur le bien de l'esprit, apportant l'exaltation et les rêves élevés, que ce qui empêchait leur contemplation était un mal à bannir et à détruire. Alors June argumenta, se demandant comment y mettre fin. Réflexion féerique ! Mais est-ce si futile ?

Elle était heureuse de changer de regard et de regarder au-dessus d'elle. Là, elle s'est répandue - poussière d'étoiles, firmament, myriades de mondes et de soleils suprêmement magnifiques, infinis, édifiants, mais, avec tout le mouvement de l'âme qu'elle a provoqué, apportant une humilité fortifiante. Si les hommes utilisaient leurs yeux et leur esprit et voyaient davantage l'éclat de l'univers ; s'ils observaient les constellations dans leurs orbites annuelles, connaissaient l'unique Sirius comme ami, reconnaissaient Arcturus, saluaient les Pléiades après leur absence estivale, les idéaux ne seraient-ils pas plus nobles, les espoirs plus heureux, la tolérance de la méchanceté sous ses nombreuses formes impossible ?

Tandis que la fée se reposait dans sa solitude aérienne et bienheureuse, elle prit conscience d'une joie progressive, d'un sentiment de joie supplémentaire - plus subtil que celui qui avait béni son esprit depuis sa fuite de la Vallée Violette - lui rendant visite. Cela la fit passer de la rêverie aux réalités.

Des fées – son propre peuple – s'approchaient et l'appelaient. Leurs voix et leur éclat valaient mieux que les perles et la richesse.

"Juin, notre Juin, revenez vers nous ! Revenez ! Revenez !"

L'appel était puissant. Avec presque la rapidité de la lumière, les fées volèrent. C'était la compagnie de chevaliers, forte d'un demi-siècle, qui avait été chargée de diriger le mois de juin après le couronnement au Pays des Roses Sauvages. Elle se tourna avec joie pour les saluer. C'était comme si j'allais aimer. Les sympathies se rassemblaient. C'étaient ses propres gens, ses camarades ; ils la supplièrent de laisser sa croisade dans les ténèbres et de revenir dans la joie.

Leur présence était la bienvenue, mais elle ne pouvait même pas oublier les enfants et tous ceux dont le sort exigeait les cadeaux des fées. Quand le monde des elfes les aurait aidés, elle y retournerait volontiers, mais… pas encore. Elle ne pouvait pas quitter Sally et ses compagnons de Paradise Court ou les autres millions de personnes dont elle connaissait le besoin de beauté, de joie et de lumière.

Elle ferma ses ailes et s'enfonça sur terre, laissant les chevaliers au-dessus du nuage, se retournant et l'appelant en vain. Ils regardèrent à travers le voile le monde en dessous et retournèrent à contrecœur au Pays des Fées.

Elle a trouvé Bim occupé, occupé à construire une maison. Il avait ramassé de la mousse « séchée à la fumée » sur les toits et les cheminées, tout en s'émerveillant du monde anguleux sur lequel il grimpait, et l'avait battue pour en faire un lit pour elle, avec des toiles d'araignées comme couverture. Il faisait en sorte que les fleurs nouvellement plantées se sentent chez elles, et pendant tout ce temps il chantait, croassant et gaiement, comme si un toit couvert de courants d'air au-dessus de Paradise Court était aussi proche du

Pays des Fées qu'il le fallait. C'était ce qui lui était arrivé à l'époque, alors qu'il travaillait pour juin.

Elle ne l'interrompit pas – son activité et son bonheur lui étaient du baume et de la force – mais descendit la cheminée dans la chambre.

Sally dormait profondément, tout comme les deux hommes et la mère du bébé. Le bébé pleurait faiblement. Les deux autres femmes étaient éveillées et travaillaient à la lueur d'une bougie. Leurs yeux étaient hébétés et faibles à cause de ses incertitudes vacillantes, mais il fallait faire un effort. Leur seule protestation était de maudire et de réprimander l'enfant qui pleurait. Juin, insouciant des économies, les endormit et prudemment éteignit la lumière.

Elle a donné des rêves aux dormeurs pour les encourager et les réconforter. Sally était de retour au pays de la glorieuse cascade. Bill marchait sur une route poussiéreuse avec la promesse d'une bière devant lui. Puis June a calmé le bébé en lui embrassant les yeux, donnant à l'acarien affamé le confort du sommeil.

Qu'allait-il advenir de ce mortel, né pour être détruit et condamné ? Là, elle a touché à notre problème le plus lourd. Le fait de vivre signifiait la misère pour cet acarien. La fée remarqua avec tristesse ses yeux enfoncés, ses joues pincées et ses membres pas plus épais que du bois de chauffage, et se demanda et se demanda quoi faire. Si cet enfant restait ainsi, négligé et affamé à cause de l'innutrition que sa mère pouvait lui donner, il mourrait. Est-ce que ça devrait être le cas ?

Elle souhaitait qu'une partie des provisions gaspillées par le conseil d'administration du lord-maire puisse être donnée aux enfants qui avaient besoin de nourriture, et décida immédiatement d'en aller chercher pour les nombreux enfants victimes de Paradise Court.

Elle passa par la fenêtre, lui faisant signe de l'ouvrir et de la fermer au fur et à mesure, et s'éloigna comme une lumière dans sa quête.

Elle parcourut les rues silencieuses, se leva pour passer au-dessus de la ville, effleura de son aile gauche le dragon du clocher de l'église Bow, flotta un instant de contemplation au-dessus de la porte ouest de St. Paul's, atterrit au Griffin.

Elle regardait passer les omnibus, les taxis, les flots de gens en retard. Elle regarda leurs visages avec impatience, mais n'en trouva aucun qui lui plaisît. Elle reprit donc son vol le long du Strand et se reposa sur la grille devant Charing Cross.

Deux jeunes gens dorés avançaient en fanfaronnant, s'aidant et se gênant, les bras liés. Ils avaient des visages blancs et vides, des chapeaux écrasés étaient méchantement inclinés sur la tête, leurs capes noires étaient ouvertes, laissant apparaître de larges plastrons de chemise avec des clous de diamants brillants.

Ils chantaient parfois en chœur, parfois se disputaient de manière maussade, parfois ils se montraient peu complimentants envers les passants. C'étaient des fils adoptifs de Silène, gonflés d'insolence et de vin.

June descendit jusqu'à la jonction de leurs bras liés et les poussa vigoureusement, trois fois, avec sa baguette, insufflant de bonnes intentions dans leurs cerveaux embués.

Leurs idées sont devenues plus claires. Ils s'arrêtèrent, firent une embardée et, avec un bel effort, se remirent debout comme des hommes virils. L'un d'eux prit son monocle et dit : « Jupiter ! Ils traversèrent la route, ignorant la circulation rapide comme si elle n'existait pas, et entrèrent dans une confiserie qui restait ouverte la nuit jusqu'à l'heure des fées.

Chacun a planqué deux souverains.

"Des petits pains", a déclaré l'un d'eux.

"Du lait", demanda l'autre.

"Chocolat."

« Tasses ! »

Les serveuses fatiguées pensaient que les jeunes se moquaient d'elles, mais voyant l'or et heureuses de se débarrasser de leur reste de scones et de petits pains, elles empilèrent tout ce qu'elles avaient devant ces clients, apportèrent de grandes boîtes de lait et des paquets pleins de chocolat. , avec toutes les tasses ébréchées et fêlées qu'ils pouvaient trouver et épargner à la hâte.

L'un de ces philanthropes involontaires regardait la monnaie de six pence et demi qu'un caissier consciencieux avait mise dans sa main gantée ; l'autre regardait à travers ses lunettes, surpris par la quantité de leurs achats. June approuva en souriant leurs actes et leurs intentions.

"Nous aurons un grogneur !" ont-ils déclaré ensemble.

Une foule curieuse de serveuses et de passants les aidèrent à charger le véhicule, répétèrent leur ordre commun d'aller « par là » – vers l'est – et les accélérèrent dans leur voyage avec des acclamations riantes.

"Pourquoi avons-nous fait ça?" dit l'un à l'autre.

"Dieu sait", fut la réponse, "mais nous le ferons."

Bercé par la proximité du taxi, l'odeur des petits pains, le cliquetis des tasses et leur sens inné de l'action vertueuse, l'heureux couple rassembla la tête et dormit, jusqu'à ce qu'ils soient réveillés par le cliquetis et le cliquetis du taxi qui passait. sur une chaussée en granit.

Jéhu reprit ses esprits le premier. June, qui se tenait dans sa poche de poitrine, où il gardait illégalement son badge, l'a arrêté à Paradise Court.

"Je ne sais pas pourquoi je l'ai fait, mais je l'ai fait !" dit-il à un policier qui, voyant un taxi en attente, s'était approché d'un pas nonchalant.

Bim est descendu du toit en courant.

"Asseyez-vous sur sa tête", lui ordonna June. Le gnome était perché sur le casque du policier. "Faites-lui aider!"

Les jeunes traînaient et descendaient leurs boîtes de lait. Alors le cocher, le policier, et eux entrèrent hardiment dans la cour, se faufilèrent dans chaque pièce de chaque maison (il y a peu de serrures à Paradise Court, et les verrous y sont rarement tirés) et déposèrent à chaque enfant endormi une tasse de lait, un un petit pain et un morceau de chocolat, des surprises pour leur réveil.

Les bonnes choses étaient juste suffisantes pour le nombre qui en avait besoin, avec cinq petits pains qui restaient, que le cocher a empoché.

Le quatuor humain finit par sortir de la cour, rayonnant de bienveillance.

"Je pourrais boire un verre", a déclaré le policier en éteignant sa lanterne en forme de bœuf.

"Pareil ici", dit le conducteur de char échauffé.

"Et ainsi dire nous tous !" » ont sonné les jeunes.

Le policier poussa un sifflement étrange. Une fenêtre supérieure du cabaret s'ouvrit doucement.

"'Oo, ça va là-bas ?" murmura Bung.

"Nous, Tim", dit le policier.

"Bien-oh, Alfred ! 'arf a mo'."

Le porteur du monocle a produit de l'argent.

« Mon tour », dit-il ; "quatre whiskies."

Pendant que ces donateurs de bonté se récompensaient, June alla dormir dans son nid.

"C'est le début du nouveau Pays des Fées", dit-elle avec reconnaissance à Bim, qui rayonnait.

CHAPITRE IX

LES PROGRÈS D'OBÉRON

Le banquet du lord-maire est devenu historique, même si au début les journaux étaient enclins à y prêter une légère attention. Si cela s'était produit à l'époque caniculaire, où les "copies" attrayantes pour les vacanciers sont rares, elles auraient été saisies par les journalistes et auraient fait fureur facile d'une saison estivale, sans aucun effort particulier de la part des fées. . Cela aurait submergé le serpent de mer, transformé la groseille géante en une bulle non gonflée, empêché les pessimistes imaginatifs de se livrer à des craintes annuelles concernant l'avenir de nos filles et l'échec de nos mariages ; aurait fait de la Silly Season ordinaire une période de bonheur intellectuel réel, récréatif.

Mais June, dans ses décisions, ne s'est pas préoccupée de la simple commodité du rédacteur en chef et a saisi les pouvoirs de Fleet Street juste au moment où ils étaient les plus occupés. Le Parlement parlait toujours du budget et ajoutait aux ennuis de Tadpole et Taper ; une élection générale miniature – trois élections partielles à la fois – était en cours ; le monde du sport estival était en pleine effervescence ; un tremblement de terre avait ravagé l'île de Zikki-baboo ; les indigènes de la frontière nord-ouest de l'Inde s'étaient de nouveau lancés dans leurs tirs isolés, invitant à l'envoi d'une nouvelle expédition punitive ; Gertie Feathergirl de la Gaiety s'était fiancée de manière romantique à l'hon. Stanley Stallboys, et faisait ses dernières apparitions - pour le plus grand plaisir d'une multitude enthousiaste - avant de se retirer dans la vie privée et dans la direction d'une entreprise automobile ; le Très Grand-Duc de Hotzenbosch avait écrit une carte postale, marquée privée, qui nécessitait la mise en service rapide de deux escadrons volants : bref, tout ce qui pouvait arriver en cette heure de grande affluence se produisait ; et les rédacteurs en chef ont commencé à se demander pourquoi ils vivaient.

Puis juin est arrivé en ville, et ce qui devait arriver s'est produit ! Le lord-maire a prononcé son discours, l'archidiacre a emboîté le pas. Une révolution des idéaux était en train d'exploser. Que devait faire Fleet Street ? Si la circonstance devait faire sensation ; ou interné en quelques paragraphes facétieux ? Quel dommage, disaient-ils, qu'on ne l'ait pas gardé jusqu'à ce que l'année soit passée dans son désert !

Les faits étaient trop importants pour être enterrés et ignorés. Un Lord Maire n'est pas original, un Archidiacre pas sur les hauteurs, pour rien ! Les rédacteurs peuvent faire la plupart des choses ; mais toute tentative de leur part pour étouffer l'influence des fées est aussi vaine que le balai de Mme Partington ; cela démontre simplement qu'ils ne sont qu'humains après tout.

Le banquet et ses tendances devaient être rapportés et commentés, avec des gros titres. Les journaux en ont donc parlé.

Le Parlement, Gertie Feathergirl, la guerre, les affaires réelles et diplomatiques, ainsi que toutes les autres questions d'intérêt passager, furent contraints de prendre la place qui leur revient dans les journaux quotidiens et dans l'intérêt public.

Le meilleur des journaux, celui que vous et moi soutenons, ô lecteur, a lancé la croisade de la presse. Il contenait quatre colonnes de description et d'appel sur sa page principale ; et voici le titre :

OBÉRON SERA ROI.

Et pendant tout ce temps, Obéron était dans l'un ou l'autre de ses châteaux, en Irlande, au Pays de Galles, en Espagne, dans ce pays obscur où se font les rêves, à Weissnichtwo, vivant une vie de fée, faisant des oiseaux, des fleurs, des nuages. et les rivières plus heureuses ; mais sans jamais oublier la folie du mois de juin.

Le journal particulier avec lequel nous refusons d'avoir quoi que ce soit à faire, ô lecteur, le journal dont nous méprisons et déplorons les opinions, s'est moqué des fées avec sa manière arrogante habituelle, comme il fallait s'y attendre ! Il prétendait considérer la supplication du lord-maire comme le sentiment agréable d'un gentleman bien dîné, et jouait avec une leaderette dans laquelle Titania était qualifiée de mythe et les fées de fruits de cauchemar.

Il fallait répondre à une telle conduite de la part d'un journal largement lu.

June, qu'on l'accorde, traita son persiflage iconoclaste avec la tolérance du mépris. Elle non plus ne lisait pas les journaux ; mais l'archidiacre Pryde, qui reconnaissait que Sir Titus ne daignerait pas se défendre contre une telle attaque, et se rappelant qu'il était également impliqué dans cette condamnation pour un demi-penny, appela un fiacre, remplit une tabatière de pastilles vocales et partit avec chaleur. et dirigez-vous vers le siège du journal incriminé.

Il fut accueilli par un salut militaire par le commissionnaire à la porte ; photographié trois fois - en payant le cocher, en mangeant une pastille et en remettant sa carte à un jeune du bureau d'enquête. Une fois à l'intérieur du sanctuaire éditorial, il fut incité à poser pour deux photographies à la lampe de poche - l'une le montrant en train de discuter sérieusement avec le grand homme, l'autre avec sa main posée sur la tête ébouriffée d'un diable d'imprimeur.

Ces images devaient illustrer une "interview" - dictée à un sténographe - qui expliquait les idées et les intentions de l'archidiacre en relation avec ses nouvelles décisions et celles du lord-maire, et donnait ainsi au rédacteur en chef une excuse pour une *volte-face* .

L'archidiacre était dans un enthousiasme brûlant. Cette utilité proéminente, ou cette importance utile, était gratifiante. Il promit d'envoyer son menu, afin que les résolutions inscrites puissent être reproduites en fac-similé pour le numéro du lendemain ; et j'ai terminé en invitant le rédacteur en chef à prendre le thé.

Il rentra chez lui plus conscient que jamais d'être un homme d'influence et de travail.

Ainsi, même le journal que vous et moi, ô lecteur, détestons et ignorons habituellement, est passé du côté de la lumière.

Les grands organes de presse, avec une unanimité étonnante, faisaient rouler leurs machines, sonnaient des trompettes et battaient des tambours, dans l'intérêt de la réforme des fées. Ce n'était pas une affaire soudaine, cette splendide combinaison ; mais un éveil progressif et global au bénéfice, au plaisir et à la nécessité de prêcher les causes de la domination des Elfes.

Les hebdomadaires sobres suivirent avec une telle autorité qu'ils semblaient penser qu'ils étaient en tête. Ils n'ont eu aucune hésitation. Les mensuels et les trimestriels ont également, en temps voulu, continué le chœur. Il a fallu environ quatre mois pour parfaire cette tendance d'influence, mais ensuite la cause s'est propagée comme un raz-de-marée.

Obéron et Titania, étrangement inconscients de leur nouvelle rage pour la bonté féerique, devinrent des facteurs sociaux ; ils ont quitté la chasse gardée des folkloristes pour devenir les favoris des magazines, les chouchous de la mode, haute et basse.

Mais cela ressemble beaucoup à l'anticipation, cet épouvantail de l'historien sobre, alors nous revenons au présent tel qu'il était.

Emmanuel Oldstein trouvait difficile de maintenir ses idéaux. Son enthousiasme de minuit avait étrangement diminué au moment du chant du laitier.

Le lendemain matin, la table du petit déjeuner ressemblait beaucoup à un champ de bataille ; il y avait des tempêtes dans cinq tasses de thé. Sa famille s'est opposée à ses bonnes intentions avec sérieux, un anglais approximatif et quelques citations du Pentateuque, et ainsi, grâce à la règle du contraire, l'a maintenu à son objectif. Leur obstination renforçait la sienne. Il resta vaillamment sur ses positions et commença immédiatement sa démarche en doublant le salaire d'Ernie Jenkins, permettant à ce jeune patriote d'élargir son indulgence en matière de bière amère, de porter trois cols propres par semaine et de promettre à Emily, avec quelques précautions, "si" - qu'un jour elle pourrait être "Mme J."

La famille d'Emmanuel a cédé à ses vœux lorsqu'il les a rachetés. Il offrit à Mme Oldstein une robe en soie violette bordée de jais, un gros bracelet et une montre en or si petite que ses œuvres ne pouvaient jamais bouger. Max, qui allait jusqu'à d'étranges hauteurs de sarcasme impudent au sujet de « la gueule du gouverneur », se vit attribuer un partenariat mineur dans le magasin, à condition qu'il ne soit pas seulement juste, mais généreux, dans toutes ses relations.

Il accepta rapidement et devint une personne pompeuse, oublieuse de ses anciens associés.

Respecter les résolutions était certainement une affaire difficile et amère pour le vieil homme ; mais ça lui a fait du bien. Il n'a jamais perdu de vue la promesse de prendre le thé avec l'archidiacre.

L'effort le plus dur a été celui où les gens pieux d'à côté ont mordu à l'hameçon et ont contacté Jabez Gordon de Jermyn Street pour obtenir un prêt, « afin d'étendre leurs efforts pour la Cause ».

Emmanuel a imprudemment informé Hannah de ce fait. Ses yeux brillaient d'un bonheur colérique. Enfin! Enfin!

"Maintenant, écrase-les, papa!" » plaida-t-elle, de sa manière autoritaire.

"Bien sûr, ma chère!" dit-il évasivement ; et il mit précipitamment son chapeau pour communier avec lui-même en se promenant sur les places. Voici un laissez-passer !

Le souvenir impérissable des persécutions endurées à travers les âges par son peuple flamboyait en lui. Des années de petit commerce et de pratiques financières pointues n'avaient pas entièrement apaisé son feu racial hérité. Et de tous les persécuteurs antisémites, aucun n'était aussi exaspérant que ces sentimentalistes entichés et méprisables - les fanatiques par piqûre d'épingle - qui espéraient le « convertir », lui demandant d'échanger les larges pans de sa propre foi, fondée sur des siècles d'existence. du sacrifice national et de l'histoire des combats, pour leur sectarisme sans tradition, sans imagination et sans âme. C'était un effort difficile d'épargner ces gens à ce moment de vengeance possible.

Shylock a eu l'opportunité du vingtième siècle.

Quand Emmanuel rentra chez lui, il était encore indécis. Une bataille ancienne faisait rage dans son sein. Il dormit cette nuit-là avec une pile d'avis de mission offensive à côté de son oreiller, et se retourna et rêva d'une manière troublée, murmurant du yiddish.

Pendant le petit-déjeuner, il prit une décision qu'il garda pour lui.

"Père, je suis heureuse que tu puisses les punir", dit Hannah d'un ton significatif, alors qu'elle l'aidait à enfiler son manteau extérieur. C'est la seule remarque qui a été faite à ce sujet. Sagement, il a gardé le silence.

Il a écrit depuis son bureau des finances de Jermyn Street - à première vue on pourrait croire que c'est un lieu de vente de cigares forts et de vins rouges étranges - au jeune homme moralisateur, invitant M. Lemuel Buskin Junior à faire appel à Jabez Gordon " pour terminer la petite affaire sur laquelle M. Lemuel Buskin Junior avait écrit.

Ensuite, Oldstein se rendit à la ville et obtint de Max une liste des ouvriers — les ouvriers en sueur — qui ont donné leur vie pour créer sa richesse. Il leur rendait visite et enquêtait sur leur état, faisant tout ce qu'il pouvait, que ce soit peu ou beaucoup, pour modifier leurs désirs et leurs souffrances. La dernière sur cette liste de méchants et pauvres était Sally Wilkins de Paradise Court. Il s'était déjà arrangé ou avait pris des dispositions pour payer à chacun de ses employés un salaire suffisant, quel que soit le résultat en termes d'augmentation des prix et, par conséquent, d'éventuelles pertes de clients. C'était une politique audacieuse. Pour Emmanuel Oldstein, et plus encore pour Max, cela ressemblait à un péché inexcusable. Payer plus que nécessaire pour quoi que ce soit, c'était blasphémer contre les dieux de l'économie. Mais il a insisté pour le faire et il l'a fait. Pour anticiper une dernière fois, la police a payé.

Le sang d'Emmanuel était monté. Il gardait ses résolutions écrites devant lui partout où il allait. Eux et le menu lui rappelaient l'appel du lord-maire, ses propres promesses, ses espoirs de progrès civique, l'invitation à prendre le thé de l'archidiacre. Cette nuit-là encore, une bataille fit rage dans son sein. Hannah le surveillait avec attention.

Le lendemain matin, le prêteur d'argent et la victime sont sortis simultanément de leur porte d'entrée. Aucun des deux ne semblait remarquer l'autre — selon les canons de la loi non écrite qui régit l'absence de relations entre voisins. Rien d'aussi loin que de l'autre côté d'un mur mitoyen !

L'héritier des Buskin était moins beau que bon. Son nez était l'indice de son esprit. Il pointait vers le ciel. Ses pensées étaient construites à partir de textes et de dépression. Il avait l'âme attristée, mais ne manquait jamais d'espérance pieuse. Il aspirait à ce que les pêcheurs marchent avec lui sur les sentiers nacrés et connaissait les méchants lorsqu'il les rencontrait. Il ne fallait donc pas s'attendre à ce qu'il remarque Oldstein, qui à tous égards offensait et éveillait ses antipathies religieuses. Lemuel était de ceux dont la pensée atteint les hauteurs des cheminées ; ils s'envolent, mais sont étouffés par le charbon.

Emmanuel l'a remarqué. Les yeux vifs du Juif lisaient d'un regard l'histoire racontée par les vêtements de l'autre. Lemuel était en noir, son meilleur dimanche. Le manteau avait une queue ; le chapeau était en soie. Il portait des gants marron et le parapluie de sa mère joliment enroulé. Sa petite moustache jaune et élégante était relevée ; les moustaches qui suscitaient la colère et le mépris d'Hannah étaient soigneusement taillées. Il portait une cravate tartan – pour satisfaire cet Écossais, Jabez Gordon.

Oldstein grogna – il y avait de la joie dans son nez – tandis qu'ils montaient ensemble dans un omnibus. Le commerçant sortit son carnet et contrôla bientôt les chiffres, tandis que Lemuel regardait les annonces ou le tableau des tarifs, caressait soigneusement le pli de son pantalon et palpait nerveusement les pointes de son col.

L'omnibus s'arrêta à Piccadilly Circus ; ils sont descendus. Lemuel dut demander le chemin de Jermyn Street ; Oldstein le savait et se retrouva bientôt dans son bureau pour attaquer avec impatience une pile de lettres. Cinq minutes plus tard, son unique employé – une créature magnifique dont le plus grand atout était sa capacité à être élégant avec très peu de moyens – apporta le nom de Buskin.

"Il faut qu'il attende", dit le maître d'un ton bourru, "pendant que je dicte des lettres. Dépêchez-vous !"

Il posa solennellement la pile d'avis de mission sur le bureau devant lui et s'occupa attentivement de sa correspondance.

Lémuel attendait avec la patience pitoyable d'un agneau abandonné. Son petit cœur battait avec enthousiasme. Il se sentait étrangement craintif. Il n'était pas habitué aux affaires. Il aurait donné six pence pour se voir dans un miroir, pour être sûr que ses cheveux étaient bien coiffés, sa cravate droite. Il regarda les meubles crasseux de la pièce étouffante et sentit son courage s'envoler. Il s'était attendu à voir plus de décoration que cela ; mais il avait lu que les vrais riches font le moins d'étalage.

Il fixa son regard fixement sur la porte par laquelle l'employé était passé, la considérant avec un mélange d'effroi et de désir. "Lasciate ogni speranza, voi ch'entrate" aurait très bien pu être écrit au-dessus.

Vingt minutes s'écoulèrent – le Père Temps, malgré son impatience, agrandit grossièrement chacune des douze cents secondes – avant que le splendide employé rouvre la porte, ferme ostensiblement un livre de sténographies en désordre et dit : « Voulez-vous entrer ?

Lémuel Buskin se leva en tremblant. Ses genoux semblaient avoir oublié leur force. Mais il se souvint des conseils de sa mère, reprit courage et répéta mentalement le refrain stimulant d'un hymne. Il était, en entrant dans le cabinet privé et en prenant le siège qui lui était proposé, dans un tel tourbillon de confusion qu'il ne reconnut pas tout de suite la personne du financier.

Soudain, il prit conscience de l'identité d'Oldstein et rougit vivement.

« Je suis venu voir M. Gordon !

"Je suis Mitter Gordon !"

"Ja-Jabez Gordon ?"

"Jabez Gordon ! et vous êtes Mithter Buthkin."

"Mais toi... je... oh !"

" Exactement ! Oh ! c'est juste ce que dit le mot. Mithter Buthkin, je suis content de toi. Nous sommes de vieilles connaissances, nous le sommes, même si vous ne le savez peut-être pas ! Vous demandez à ma fille 'Annah' combien nous vous sommes redevables. Je ressens. Mon 'Annah te regarde comme un frère, un frère chrétien. Toi, tu es fou ?" - Emmanuel frappa la pile d'avis de mission avec une main sale. La dernière ombre de courage de Lemuel s'évaporait rapidement ; mais Oldstein, avec cette question, contesta son fanatisme.

"Je suis fier d'être ouvrier à la vigne !" » fut la réponse hargneuse et provocante.

" Et c'est peut-être le cas ! Mais vous n'êtes pas un ouvrier qualifié, M. Buthkin. Maintenant, je suis heureux que vous ayez appelé, car je veux vous parler ; vous allez écouter et ensuite nous pourrons faire du bithness. "

Lemuel, surpris et mal préparé, fut intimidé par la décision et le discours d'Oldstein. Il avait de l'amertume sur la langue, mais s'abstenait de toute réplique.

"Croyez-vous à la fée, Mithter Buthkin ?" » était la question inattendue.

Lemuel ne pouvait que le regarder et s'interroger.

"Réponds-moi!"

"Certainement pas!"

"C'est dommage. C'est vrai."

"Je crois aux choses supérieures."

"Et est-ce que tu es à la hauteur ?"

Lémuel haleta.

"Je ne suis pas venu ici pour me faire insulter."

"Non, Mithter Buthkin, et je ne vais pas chez moi pour me laisser intimider par ces choses--les reconnaissez-vous ?--dans ma boîte aux lettres. Qui les a mises là ? Regardez-les bien ! Vous l'avez fait. Pourquoi ? Parce que tu es un petit crétin – je laisse tes parents en dehors de ça, car ils sont trop vieux pour savoir mieux – tu es un petit crétin qui fait semblant de penser ; que votre croyance est la vérité entière et unique, et que ma croyance, que mes pères et leurs pères affirmaient cent mille ans, bien avant Londres, était plus qu'une flaque d'eau, je ne sais pas ce que vous pensez. Pensez-y. Vous ne pouvez pas le comprendre, Mithter Buthkin, non, vous ne pouvez pas !

Le vieil homme s'arrêta et observa attentivement sa victime. Il a alors éclaté avec un discours passionné.

" Vous vous convertissez ! Vous souhaitez faire de vous des chrétiens comme vous - des nuisances dans la rue - des choses, des hurlements, des paroles peu charitables de notre voisin ! Pour vous convertir ! Père Abraham ! Je préférerais être un Juif persécuté, lapidé, affamé, battu, mangé - comme nous avons été mangés, affamés et lapidés pendant un millième d'année - qu'un tel chrétien, même si je devais être un damné qui brûle, pourrit, puant dans la Géhenne pour toujours, je ne serais pas un tel chrétien !

Lemuel hésita, mais obéit. Il détestait et craignait ce vieillard colérique dont la voix était devenue puissante de passion. D'une manière ou d'une autre, l'arsenal de textes semblait insuffisant.

"Je vous ai demandé maintenant si vous croyiez aux fées, et vous avez répondu 'Non'. Eh bien, j'y crois, et c'est bien pour vous. J'avais l'intention de vous punir de nous avoir inquiétés avec eux, mais j'avais l'intention de vous écraser, de vous tuer. Je voulais vous écraser, vous et votre peuple, à cause de votre cruauté envers vous. Je vous aurais prêté de l'argent à un tel taux d'intérêt et à des conditions si astucieuses. , que vous n'auriez pas pu rembourser ; et je vous aurais racheté et brisé, corps et âme. Mais l'autre soir, je dînais au Mansion 'Ouse avec le très honorable lord-maire et. mon ami le vénérable archidiacre Pryde, qui m'a demandé de prendre le thé avec lui. Vous avez lu ce qui est paru dans les journaux, n'est-ce pas ? Tout le monde a pris des résolutions et, comme les autres, j'ai fait des promesses que je vais tenir. ' Heureusement pour vous, M. Buthkin, que je l'ai fait. Maintenant, je vais commencer par vous faire un prétexte, je vous les rends. Les voici. pourrait vous permettre d'acheter une bien meilleure qualité au prix que vous payez, je parie ! Brûlez-les ! Emmenez-les chez vous et brûlez-les ! Et maintenant, si vous le souhaitez, nous parlerons de bithness. Mithter Buthkin, j'étais content que vous m'ayez écrit. Ha, ha ! » Son rire n'était pas musical. « Vous avez dû être agréablement surpris lorsque vous avez découvert que Jabez Gordon était moi ! Annah rirait aussi si je lui disais, comme tu as l'air. Mais c'est la naissance maintenant !"

Lemuel, qui venait de se sentir mou, fit un effort pour se relever. La note chaleureuse de la voix d'Oldstein était pour lui comme un baume en Galaad.

« Vous voulez un centième de livre… pour faire avancer la cause, comme vous l'appelez. Eh bien, je ne vais pas vous prêter de l'argent pour faire avancer une cause, mais je serai meilleur que ma caution : je prêterai vous un dollar à 10 pour cent – 50 pour cent serait assez bas, trop bas pour une valeur aussi pourrie que vous pouvez donner – à condition que vous payiez les dettes de votre famille avec cela, je suis au courant, Mithter Buthkin. E. Oldstein est quelqu'un de bien informé. De plus, aucun centime ne sert à convertir quelqu'un, je n'ai jamais fait une telle offre auparavant, et si quelqu'un me le disait il y a un an, je le ferais. je l'aurais appelé quelque chose. Vous pouvez remercier la fée pour cela, mais ce n'est pas tout, je vais vous donner dix livres d'un coup - les voilà, de gentils gros garçons jaunes, eh bien ! n'est-ce pas ? — pour acheter de la nourriture et des vêtements pour de pauvres chrétiens — des chrétiens, attention ! — qui en ont besoin, je vous demanderai de distribuer honnêtement l'argent. Rangez-les soigneusement, Mithter Buthkin. vous pouvez venir chez moi, c'est à côté de la vôtre, au numéro quarante-huit, chercher le prêt et signer le document. J'en suis sûr, Mithter Buthkin, je vous traite à merveille - les fées m'ont obligé à le faire! - mais, faites attention à mes paroles, mettez un autre papier de n'importe quelle sorte dans ma boîte aux lettres, ou laissez-moi trouver vous imprimez même un projet de loi sur la conversion des Juifs - et fée ou pas fée - je vous écraserai !

Oldstein s'assit épuisé. Il sortit d'un tiroir un fort cigare, le coupa et l'alluma d'une main tremblante.

L'esprit de Lemuel était plongé dans une confusion totale. Des scrupules de conscience, de gratitude, de peur l'envahirent. Il se leva machinalement, ramassa et empocha les dix souverains, et serra faiblement la main tendue d'Oldstein.

« Est-ce que vous pensez, M. Buthkin ? demanda Emmanuel.

"Non!"

"Est-ce que ton père parle ?"

"Non!"

" C'est vraiment dommage. C'est tellement bon pour le cœur ! Si tu voulais acheter cette cigarette à tout moment, vraie ' Avanah, je pourrais t'en procurer un ' undred... bon, esprit ; fort, avec une saveur... -pour un prix très bas. Eh bien, ce soir, à dix heures ! "Annah sera ravie de vous voir !"

Lemuel a marché tout le chemin pour rentrer chez lui et a dit plus d'une fois : « Dash !

CHAPITRE X

L'IMPORTANCE DU BIM

Il fallut quelques semaines avant qu'Emmanuel Oldstein puisse concrétiser sa bonne intention de visiter Paradise Court. Sally était la dernière sur sa liste, et ce n'est que lorsque le mois de juin était à mi-chemin qu'il pouvait venir la voir.

Entre-temps, des choses se passaient. La croisade des journaux se déroulait bien, et les deux de Fairyland déployaient leurs efforts pour la faire avancer.

Le gnome devenait influent à Paradise Court. C'était surtout sa province. June, avec ses ailes et sa magie, pouvait visiter une vaste zone ; mais lui, avec ses faibles pouces et ses limites, était nécessairement au foyer. En partie par accident, il commença une révolution qui devait avoir un effet important sur le redressement de Londres. Voici comment c'est arrivé.

Le vieux bac à fleurs dans lequel il avait pris le moule de leur florissant jardin sur le toit était défraîchi et décrépit ; sinon, sa maigre quantité de bois aurait sûrement depuis longtemps été brisée et utilisée comme combustible. Pendant des années, il était resté dans un coin sombre, stérile et oublié. Puis, dans un accès de farce, Bim a emporté une violette, la seule rassemblée dans le bouquet de Mansion House, et l'a plantée. Juin lui avait donné le pouvoir de vivre ; avec la ténacité de son espèce, il avait lutté, prospéré et fleuri.

C'était le trésor du gnome. Il était fier de son existence et en prenait soin d'une manière parentale gâtée, exagérant ses quelques qualités, heureusement aveugle à ses défauts.

Pendant quelques jours, il rougit d'un bleu bleu sans qu'on le voie ; puis il arriva dans une position saillante qui l'effraya à moitié.

Poll Skinner y jeta les yeux noircis de son mari.

"Mon Dieu !" s'écria-t-elle, un voilet !

Elle regarda la fleur et tomba alors dans un rêve. Une violette à Paradise Court ! Pour la première fois depuis des années, elle était hors du présent laid, loin de la vie basse qui l'entourait.

Les souvenirs des jours anciens, des jours propres, revécus. Elle se voyait telle qu'elle était, avant que le péché, le besoin et l'égoïsme ne l'aient réclamée et retenue. Comme elle l'était ! Comme elle l'était ! Elle se souvenait de la maison de son père, avec son jardin de roses et de giroflées. Elle se souvint d'un bois près d'une église recouverte de lierre ; et était redevenue une fille, chassant les primevères, les jacinthes et les violettes. Elle se souvenait de son tablier blanc et de son habileté à tisser des guirlandes. Comme cette vie de jeune fille était pure à tous points de vue ! Et maintenant ---- Paradise Court ! La boisson et le diable avaient fait des ravages ! Dieu!

Poll a trouvé les larmes aux yeux lorsqu'elle s'est réveillée au présent. Elle s'essuya le visage avec ses mains sales et laissa des traces.

"Blimey, voilà le vieux Poll encore ivre !" » dit l'un des chevaliers du lieu, un gaillard costaud qui se disait ouvrier portuaire, mais dont les mains oisives étaient presque enfoncées dans ses poches. "Qu'est-ce que tu regardes, Poll ?"

Le sondage a indiqué la fleur. Il le vit et tendit la main.

"Il n'y a pas grand-chose à dire là-dedans !"

« Laisse tomber, Mike ! » cria-t-elle, craignant son caractère destructeur. "Laisse tomber ! C'est un voilet !"

"Quoi ? Jetons un coup d'oeil ! Qui poussez-vous ? Je veux le regarder." Elle lui a résisté. "Je vais t'essuyer les yeux si tu ne le fais pas !"

Il s'avança de toutes ses forces, avec l'intention, dans un acte avilissant, d'attraper et d'écraser la fleur ; mais Poll se débattit comme une femme-chat pour l'en empêcher. Il s'est mis en colère et l'a frappée au visage. Elle, en criant et en criant, lui déchira le front avec ses ongles et essaya de le mordre. Ses cheveux se sont détachés. Il y avait du sang sur sa joue. L'animal est sorti de l'Homme.

Le tumulte des pas traînants et des propos grossiers a amené d'autres membres de la Cour aux portes et aux fenêtres. Les femmes, qui ignoraient la cause du combat, joignirent leurs voix à celles de Poll pour dénoncer vigoureusement Mike. Les hommes – des gars courageux ! – regardaient et souriaient. L'un d'eux s'éloigna furtivement du lieu de la rencontre ; c'était Skinner, le protecteur naturel et supposé mari de Poll. Il entra dans le cabaret et commanda de la bière.

La bataille s'est terminée lorsque Mike a atteint son objectif et saisi la fleur. Il l'a jeté sur le trottoir et l'a écrasé avec sa botte. Puis il s'en alla tranquillement pour profiter d'un rafraîchissement après la victoire. Sa soif avait trouvé une excuse. La fureur de Poll se transforma en larmes bruyantes. Elle est entrée dans sa chambre, a jeté un fer plat rouillé par terre et a harcelé les enfants.

Bim avait observé cette agitation depuis le parapet au-dessus. Il s'étala sur le ciment, regarda l'enchevêtrement de têtes en dessous et se sentit complètement effrayé. Il regrettait profondément que June ne soit pas là. Elle aurait combattu aux côtés de Poll et de la Violette et leur aurait donné la victoire. Si seulement sa baguette avait été laissée derrière lui, il aurait pu intervenir efficacement. Mais rien ne pouvait être fait. Lorsqu'il vit la brutalité l'emporter, il retourna d'un air maussade au jardin des fées et réfléchit à des choses laides.

Le blues le conduisit dans un bureau marron. Il a décidé que l'affaire ne devait pas s'arrêter là. Il déracina une primevère persistante et se glissa avec elle. Il fouilla soigneusement le moule dans la boîte pour rafraîchir son état blasé et planta la fleur jaune, l'oriflamme des fées.

De retour au parapet, il grimpa pour attendre et observer.

Les heures passèrent. Rien ne s'est produit ce jour-là pour récompenser sa patience. Les gens de Paradise Court ne sont pas observateurs. La primevère vécut et brillait sans être appréciée jusqu'au lendemain, lorsque juin attira magiquement l'attention sur elle. Certains enfants l'ont aperçu pour la première fois et l'ont curieusement frappé avec des bâtons. C'était une nouvelle merveille pour eux.

Poll a vu le groupe autour de la boîte et est venu voir. La colère d'hier s'est réveillée en elle. Les enfants, dans leur sagesse, s'éloignèrent de la virago, qui porta la boîte jusqu'au rebord de sa fenêtre et la laissa tomber ; puis, d'une voix de défi, il cria :

"'Voici une primevère qui arrive ! Si quelqu'un touche à ça, bon sang, je le tuerai !"

Mike, ayant gagné sa bataille hier, était de très bonne humeur aujourd'hui. Il s'est approché d'un pas nonchalant pour regarder la fleur et a ri.

"Je n'y toucherai pas, Poll. Tu peux avoir ta misérable primevère", et il partit boire un autre verre.

Poll hésita, puis le suivit : leur querelle fut noyée dans la bière.

La primevère vivait une semaine et organisait une sorte de réception continue. Bim en était fier comme un paon. Il avait la nuque raide, regardant par-dessus le parapet, s'efforçant d'entendre les compliments et les éloges. Tout le monde à la Cour lui rendait une visite quotidienne et lui rendait des hommages indus. Il était difficile de convaincre les enfants de ne pas y toucher. Leurs doigts avaient envie de cueillir ; mais Poll Skinner était une puissance à craindre. Elle est restée sobre afin d'être la meilleure sentinelle.

Mike a soudainement déplacé l'intérêt de Paradise Court vers sa demeure en rapportant à la maison trois pots de fleurs contenant des jacinthes - il vaut mieux ne pas lui demander comment il les a obtenus. Comme au même moment la primevère se fanait et que la plante ne promettait pas de bourgeons, Poll en ressentit du chagrin. L'équilibre de son monde a été bouleversé. Mike tenait le centre de l'hémisphère.

Elle se buvait follement de gin et battait effroyablement ses enfants ; mais le retour de la raison sobre apporta de nouvelles idées. Le sondage s'est montré à la hauteur. Elle a envoyé son « vieil homme » dans un cimetière éloigné pour voler un bon nouveau moule ; puis il acheta – effectivement acheta – à la femme du publicain, un rosier dont la floraison était garantie.

Poll l'a ramené triomphalement, tandis que Paradise Court souriait.

Les jacinthes de Mike - par rapport à la plante aristocratique de Poll - devaient désormais passer au second plan, très loin derrière, dans l'intérêt public. Et il ne servait à rien d'exercer des représailles. Ni son intelligence ni sa richesse ne lui permettraient de faire mieux que Poll. De plus, la mode des fleurs se répandait. Trois autres résidents de la colonie avaient installé des jardinières rudimentaires contenant des objets verts ; et les enfants, désireux de suivre leurs aînés, trouvèrent des boîtes de conserve, des pots de confiture, des pots à cornichons, et y plantèrent tout ce qu'ils purent trouver ; de l'herbe, si aucune fleur n'était disponible.

Bim se sentait un tiers de pouce plus grand ; il marchait d'un pas plus léger, maintenant que son influence sur Paradise Court était devenue si manifeste. Il travaillait avec une ardeur salutiste pour aider le peuple ; complétant et modérant leurs énergies, et encourageant les fleurs à vivre. Pendant des heures, il restait assis dans une parfaite invisibilité près de l'une ou l'autre des plantes, appréciant les remarques admiratives qui leur étaient adressées, partageant la satisfaction générale.

Les familles venaient parler des mauvaises herbes vertes comme si elles répandaient des châtaigniers ; tandis que les membres de la communauté qui, après avoir fait du « saut », avaient une expérience réelle de la vie sauvage et des faits forestiers, étaient considérés comme des voyageurs et des oracles. À la hauteur de leurs opportunités, ils ont raconté à leurs homologues végétaux certaines histoires de poissons. L'intervention bénie de Bim a certainement provoqué une certaine furtivité blanche et une multitude de tarradiddles.

L'influence indirecte du gnome n'était pas encore terminée.

« Arry Bailey a été l'instrument de la prochaine étape progressiste. Il possédait des capucines et avait l'ambition de les faire grimper en festons autour de sa fenêtre. Il a utilisé des clous, de la ficelle, de la langue et de la colle. Finalement, il réussit. Pendant un certain temps, ses capucines faisaient fureur. Leurs couleurs flamboyantes et leur croissance rapide les ont rendus populaires. Mais Bailey, chez qui le sens esthétique devait être en train de se rétablir après des années d'hibernation, sentait qu'il manquait quelque chose. Il a fumé trois onces de shag et s'est gratté le menton pendant des heures avant de comprendre de quoi il s'agissait.

Puis il a dit "Par gomme" - c'est tout ce qu'il a dit - et a surprit la Cour en nettoyant sa fenêtre. L'une des vitres était gravement fissurée, marque d'une bagarre de minuit ; ainsi – plus surprenant encore – il mesura l'écart, acheta du verre et du mastic, et divertit une foule dominicale de spectateurs envieux et moqueurs en le réparant lui-même, en faisant une bonne affaire maladroite.

L'acte de réforme de Bailey a suscité des critiques et des imitations – l'action est principalement une imitation à Paradise Court. Avant que sept jours ne se soient levés et que l'obscurité ne se soit levée, aucune fenêtre à aucun étage de la cour n'avait été lavée et polie. Dans les cas où il n'y avait pas d'argent pour réparer, du nouveau papier, de préférence illustré, était mis aux endroits cassés, les rebords de fenêtre et les seuils de porte étaient blanchis.

Les habitants commencèrent à se sentir fiers, à se donner des airs, à se laver le cou.

Des rideaux de toutes formes et de toutes couleurs sont apparus, les pièces sont devenues rangées : les maisons sont supportables. Les hommes restaient à l'intérieur pour fumer la pipe et bavarder, se rendant moins fréquemment au pub. Non que l'amélioration ait été si rapide qu'elle paraisse violente. Paradise Court était, est et sera jusqu'à Trump, un foyer de conservatisme. Son mouvement est celui d'un glacier. Pourtant, il bouge, et c'est ce qui s'est produit. Même si l'ivresse et la négligence, accompagnées de brutalités dans les paroles et dans les combats, étaient encore trop fréquentes, il y avait une réelle amélioration et une croissance tranquille du respect de soi qui, après des mois, avait porté des fruits remarquables. Bravo Bim !

Le gnome étendait ses efforts plus loin et déposait constamment des fleurs devant les enfants dans les ruelles et autres morosités de Londres, afin qu'ils puissent être ramassés, ramenés à la maison, appréciés, aimés et désirés.

June, apprenant de lui, était heureuse de suivre son exemple. Elle a dispersé des fleurs et des fleurs porteuses d'amour – cueillies sans autorisation dans les parcs – partout où se trouvaient des murs bruns et unis et laids. Elle voulait que les fées reviennent à leurs anciens droits et règnes ; mais ils pensaient qu'ils ne resteraient certainement pas là où les fleurs étaient oubliées.

Elle aspirait – désespérément – au retour des elfes à leur ancienne domination sur la ville.

Une nuit, une entreprise d'Elfland lui fit un grand appel. Il était une heure entière et plus après minuit, et il faisait absolument nuit. Aucune lune ne brillait sur la scène, aucune étoile ne projetait de lumière du ciel.

Bim était vautré sur la gouttière, perdu dans ses rêves. Sa tête reposait sur un nid désert de moineau. June était dans son berceau, trop fatiguée pour avoir des visions, trop fatiguée même pour dormir. Elle était fatiguée au cœur, complètement, complètement fatiguée ! Son seul réconfort venait des fleurs qui rayonnaient autour d'elle. Elle ressentait la solitude de Londres. Des souvenirs de fées l'appelaient et l'appelaient et l'appelaient. Elle était fatiguée des fardeaux. Ce pèlerinage dans la ville sombre était morne, lourd, douloureux et horrible. Mais elle doit quand même rester.

Ses oreilles rapides captèrent le bruissement de nombreuses ailes de fée au loin ; seul quelqu'un avec des sympathies sensibles et vraiment à l'écoute du flot aurait pu les entendre si loin. Elle s'assit et vit des elfes sur l'aile. Ils étaient enveloppés de brume, haut dans le ciel. Pénétreraient-ils la canopée trouble ? Étaient-ils venus tardivement pour répondre à ses appels, pour l'aider à porter le fardeau, pour partager la tâche de recréer la beauté du désert ?

Elle les regardait tournoyer dans les airs dans une luminosité lointaine, se courber, descendre. Elle saisit sa baguette et suivit attentivement leurs progrès, espérant tout, aspirant à être à nouveau avec eux.

Les fleurs autour du lit de June, les fleurs de la cour en bas, levaient des têtes joyeuses en guise de salutation. Ils se rafraîchirent visiblement. Bim, dans son sommeil, soupira et se retourna confortablement pendant son sommeil.

Les elfes se posèrent sur les toits alentour. Il y en avait des milliers. La moitié des habitants de la Vallée Violette, du Pays des Roses Sauvages et des autres régions du Pays des Fées devaient être là. Ils étaient nombreux, innombrables et regroupés sur les rebords des cheminées, sur les angles des maisons, sur les réverbères et les rebords des fenêtres, formant d'un banal ennuyeux une remarquable série de tableaux. Pendant tout ce temps, ils chantaient des chansons douces et attrayantes.

June a revêtu sa couronne pendant qu'ils planaient et s'installaient, et se levait pour les saluer. Certains moineaux, surpris par ce spectacle insolite, se réveillèrent et se mirent à gazouiller. C'était une musique misérable, monotone comme le dit le mot : mais elle servait. Londres, hélas ! n'avait rien de mieux et les moineaux faisaient de leur mieux. La gentillesse féerique a négligé les défauts.

Soudain, il y eut un silence : les elfes et les oiseaux se turent.

"Bienvenue, doux camarades du Pays des Fées !" dit juin. "Je suis heureux que vous m'ayez rendu visite parmi ces ombres. Allez-vous rester et aider à restituer Londres à Obéron ?"

"Non, non", répondirent cent voix, fines et argentées, d'ici et de là.

"Juin, notre juin !" lui cria alors un chevalier étincelant. "Votre départ a semé la tristesse dans les pays des elfes. Obéron et Titania ont été affligés et absents depuis votre fuite ; tous les autres d'entre nous ont ressenti les changements.

Revenez vers nous ! C'est comme vivre dans une vallée avec le soleil et le clair de lune. toujours parti ; comme vivre dans un bois où les fleurs se flétrissent faute de bénédictions et de rosée. Change cela pour nous, June !

"Reviens, reviens !" » répétait le large chœur, plaintif, suppliant.

Les horloges sonnèrent deux heures. Un vent froid venait de la mer.

"Sœurs et chevaliers des pays charmants", répondit June. "Entendre vos voix est une musique pour un cœur qui a soif de mélodie. Être avec vous encore et pour toujours est le rêve de ces jours et de ces nuits. Ô Pays des Fées, Pays des Fées ! Mais pour moi, cela ne peut pas être, jusqu'à ce que cette ville-monde La vanité et les ténèbres font aussi partie de Fairyland. Aidez-nous et travaillez avec nous. Déjà l'espoir brille à travers la misère, nous avons déjà été récompensés - Bim et moi. Nous avons bien commencé en quelques semaines. Avant, ils ne le pouvaient pas. Nous allons gagner. Les hommes ont écouté nos ordres. Leurs membres fantoches se penchent vers la lumière. Ils recommencent à vivre avec la beauté et à aimer les fées. . Soyez avec nous : et aidez-les. Avant l'arrivée du prochain Mayday, je dois remettre cette couronne, doux chevaliers et sœurs elfes, alors travaillez avec nous pour qu'Obéron puisse à nouveau régner sur Londres.

En réponse, un chant de fée s'éleva de l'assemblée, de haut en bas, perçant le nuage au-dessus, découvrant les étoiles. June se réjouit de cette audience, même si c'était toujours un appel – un appel ardent – à en finir avec sa folie, à se soumettre à Obéron, à revenir. June se sentait seule.

La nouvelle chanson a réveillé Bim. Il se redressa brusquement, les oreilles dressées par une attention avide. Des fées à Londres !

Il grimpa avec étonnement sur le toit en pente et s'agenouilla à côté de June. Elle lui posa les mains sur les épaules. Les deux attendirent et regardèrent.

Par deux ou trois, à contrecœur, les fées ouvrirent leurs ailes et s'en allèrent. Ils parcouraient les maisons, un cortège scintillant et attristé. De plus en plus haut, et de plus en plus loin, ils volaient. Le son de leur chœur diminua graduellement jusqu'à ce qu'il y ait à nouveau le silence – le silence de Londres endormie.

Disparu!

June contemplait son jardin de fleurs. Le gnome rampa tristement et s'accroupit près de la cheminée, balançant ses pieds. Il ressentit une solide mélancolie.

"C'était un très beau rêve", dit-il pour se réconforter ; et j'ai trouvé les mots peu réconfortants.

"Faisons les choses", a conseillé June.

CHAPITRE XI

UN INTERMÈDE EN PROSE

Oldstein arriva enfin à Paradise Court, et deux bonnes choses en résultèrent : Sally fut retirée de sa vie d'esclave et envoyée dans un pensionnat aux frais de son ancien maître d'œuvre, et June alla prendre le thé avec l'archidiacre.

Emmanuel vivait depuis six semaines à la hauteur de ses idéaux. C'était pour lui la tâche la plus difficile, mais son acharnement obstiné l'a aidé à s'en sortir. Il en est venu à aimer faire le bien et à comprendre les joies subtiles qui vivent dans la générosité. Il développa l'habitude – apprise indirectement des bonnes pratiques du Dr Johnson – de garder des chocolats et des pièces de monnaie dans sa poche et de laisser subrepticement l'un ou l'autre d'entre eux dans les genoux, les poches ou les mains des enfants. June était fière de sourire à son élève le moins probable. Il faisait le travail des fées avec tant de plaisir.

Et la vertu apportait d'autres récompenses, comme elle doit le faire dans une existence bien réglée. Emmanuel a donné et a donné, et il disposait toujours d'un réservoir doré de richesses pour l'utilisation et la jouissance du capital.

Il se sentit enfin justifié d'accepter l'invitation à prendre le thé de l'archidiaconal. Il a ouvert la voie à l'accueil de manière caractéristique en envoyant une lettre expresse de rappel et d'explication, et a marché depuis Paradise Court jusqu'à l'endroit où circulaient les tramways bleus. Après avoir roulé ici et marché là-bas, il arriva au chanoine.

June et Bim l'accompagnaient ; la fée au bord de son chapeau brillant, le gnome dans la poche bombée de la poitrine. Bim regardait avec une curiosité insatiable la fantasmagorie passagère des ombres humaines. Quelle étrange comédie grise !

Les rues de Londres étaient encore un monde fantôme gênant pour Bim. Il ne parvenait pas à vaincre un préjugé invincible contre les ombres. Ils sont nés des ténèbres ; il aimait au moins que les choses soient au clair de lune.

Ils arrivèrent au jardin de l'archidiacre. Sa délicieuse tranquillité était jusqu'en juin la première chose dans le Cockneydom qui rappelait les clairières elfiques. L'enchantement semblait planer dessus.

Les arbres centenaires et les jeunes fleurs poussiéreuses, entourés du gazouillis des moineaux – seulement des moineaux – donnaient une signification nouvelle au bourdonnement de la circulation lointaine. Cela a fait la musique medley. L'atmosphère de repos béni du vieux monde leur apporta du réconfort à tous les deux. Cela a donné de l'espoir à June. Cela lui donna pour la première fois une totale confiance dans la réalisation de son objectif.

Pourquoi un esprit de paix similaire ne devrait-il pas régir chaque jardin et parc public de Londres ? Partout où il régnait, il y aurait des sanctuaires pour les esprits fatigués et les nerfs tendus, des refuges contre le tumulte et la vulgarité. Si le règne d'Obéron revenait, tout et n'importe quoi de ce genre serait possible ; et quelque chose a commencé.

Emmanuel appuya sur le bouton de la sonnette ; et, ce faisant, il trembla. Un valet de pied au visage funèbre apparut et le fit entrer.

Le charme du jardin régnait également au sein de la maison. Une horloge à langue d'argent en chantait cinq. Cela rappelait à June la voix de Titania lorsque, un jour, la reine des fées avait surpris une vallée aux cloches bleues avec une chanson passagère.

June entra avec Oldstein. Bim restait dans le jardin, jouant au chat dans le coin avec quelques moineaux, pour leur plus grand plaisir.

De toute évidence, le valet de pied n'approuvait pas l'invité de son maître. Il y avait un air inutile d'imitation de seigneurie dans son attitude, alors qu'il marchait devant Emmanuel. Son corps semblait n'être qu'une colonne vertébrale idiote. Son visage arborait une expression de protection. June, indignée par sa sublime grossièreté, lui lança une poignée de magie et regarda sa vanité se ratatiner. La colonne de sel s'est transformée en homme. Par la suite, il n'a jamais été un simple larbin et, au fil du temps, il est devenu professeur d'école du dimanche.

"Ravi, ravi !" dit l'archidiacre en serrant la main de M. Oldstein. Sans les fées, l'accueil eût été assurément moins cordial ; mais depuis le soir du 1er mai, il y avait eu des changements. L'ecclésiastique était à la hauteur de son credo. Il salua chaleureusement Oldstein et se demanda pourquoi il était venu.

Emmanuel était impressionné et enchanté. Jamais il n'avait imaginé que la vie puisse être aussi propre et précieuse qu'ici. Il se sentait, pauvre homme dans l'égoïsme d'une humble ignorance, un vulgaire intrus ; et pour la première fois de son existence, il se rendit compte que ses mains étaient grandes et ses manières peu polies. D'une manière ou d'une autre, les bagues qu'il portait rendaient ses doigts plus laids.

Le thé était apporté sur un plateau en argent. La nourriture était vraiment insuffisante. L'archidiacre sirotait une tasse et prononçait de longs mots. Oldstein dit "Yeth", marmonna ses tranches de beurre tartinées de pain, et n'entendit rien. Il s'en voulut mentalement d'avoir pénétré par erreur dans ce lieu anglo-céleste. Cela a donc duré un certain temps.

L'archidiacre s'ennuyait.

La fée, voyant les choses de travers, s'empressa de les redresser. Elle planait devant la tête de l'archidiacre – ses ailes mobiles faisaient une musique que seules les fées pouvaient entendre – et toucha ses lèvres avec sa baguette. Elle a reconnu qu'il était l'homme qui menait la discussion. Il devint aussitôt plus sociable.

« Est-ce que tu joues au golf ? Il a demandé.

"Non, mais j'ai des balles de golf."

"Ah, tu devrais jouer. Tu devrais rejoindre ma nouvelle association qui s'engage à chaque membre à n'utiliser qu'un seul club - de préférence le mashie - par partie."

Le golf resta le sujet tant que dura le thé. L'archidiacre poursuivit la conversation.

"Ainsi, notre mouvement de réforme des fées avance admirablement", s'exclama le Dr Pryde, arrivant enfin au véritable sujet, alors qu'il se levait, s'étirait et posait près de la cheminée. "Nous sommes camarades sous la bannière d'Obéron, camarades dans une armée grandissante et victorieuse."

Il admirait ses règles roulantes et sortait d'un tiroir sa boîte de pastilles.

"Oui", dit l'autre, qui avait toujours l'impression que ses pieds n'étaient que des bottes.

" J'ai reçu une lettre du Lord Maire ce matin. Sir Titus - un homme merveilleux, un homme merveilleux, vraiment l'un des nôtres ! - est en train d'instituer une nouvelle ligue - on l'appelle la Garde du Corps de Titania, composée de toutes sortes et conditions de les vieillards et les jeunes filles, les jeunes hommes et les enfants ; pour enlever les imperfections qui enlaidissent – « enlaidir » est le mot d'Alice, pas le mien – qui enlaidissent Londres. »

Il cessa son discours pompeux pour paraître pompeux. Il a capté son reflet dans un miroir et a amélioré son comportement.

"Oui," hésita encore Emmanuel. Il voulait exprimer son point de vue, mais dans cet état actuel de timidité et de nervosité, son esprit ne semblait qu'un tourbillon et un pudding.

"En parlant d'Alice, nous pourrions faire un peu plus de désordre dans la vraie vie, n'est-ce pas ?" Juin sourit. Voilà la preuve qu'elle l'avait. "J'aimerais qu'Arlequin, avec sa baguette, transforme certains de nos hommes d'affaires et Bumbles et leur donne plus de sympathie et d'esprit."

"'Oreille, 'oreille!"

" Ce que l'on recherche généralement, et presque avant toute chose, c'est la capacité de sortir du chaos du commun, de regarder les faits d'un point de vue nouveau. Comme nous sommes aveugles à l'évidence ! C'est possible tous les jours. passer et ne pas remarquer une vue que, si elle était dans un autre pays, nous voyagerions pendant des jours dans l'inconfort pour voir. Et pourquoi ? -- je vous demande pourquoi ? Il regarda le plafond et agita gracieusement la main.

« Bon le sait ! »

L'archidiacre fronça les sourcils et baissa les yeux sur son interlocuteur avec une expression de douce remontrance.

"La question était rhétorique, M. Oldstein", a-t-il déclaré avec une légère réprimande. "Je le répète, pourquoi ? Parce que nous y sommes tellement habitués. Un Londonien verra plus de beauté dans un bois en mai ou en juin que l'homme qui vit à sa lisière ; mais amenez le joug à Londres, et il ouvrira la bouche avec la crainte devant les bâtiments de beauté et d'histoire sur lesquels les Cockney frapperont les allumettes les moins chères. La familiarité engendre la cécité.

"Oui."

"C'est effectivement le cas ! La première chose est d'enseigner l'usage des yeux, ensuite les joies de l'imagination. Ce sont indirectement les objectifs pour lesquels le nouveau mouvement du Lord Maire - les Gardes du Corps de Titania - est institué. Quel travail nous de le garde du corps - je suis son aumônier - quel travail nous devons faire ! Pour que les représentants des conseils d'arrondissement s'engagent à accomplir l'évangile de douceur et de lumière ; ou des contradictions de style les unes par rapport aux autres - l'ère victorienne de l'architecture est révolue ; il faut insister pour que les extérieurs soient propres et, si possible, peints de couleurs vives et que les publicités soient artistiques ; des bulbes et des plantes à fleurs, et donner des prix pour les jardins et les fenêtres les plus appréciés ; encourager la croissance des plantes grimpantes autour des bâtiments ; planter des arbres et établir des fontaines dans les rues.

"Cher, cher ! ça va coûter cher !" pensa Emmanuel.

"Il y a beaucoup à faire même au début. Puis l'étape suivante. Supprimer les monstruosités dans les maisons, les tribunaux et les bidonvilles; et généralement défaire M. Jerry Builder. Quel travail! Toutes les statues, sauf quelques-unes, qui froncent les sourcils. sur nos places et dans nos jardins, il faut les tailler en petits morceaux pour réparer les routes. Partout à Londres, dans toute l'Angleterre, il y a des statues qui ne valent pas leur pesant de boue, de futiles monuments commémoratifs pour ceux qui sont généralement oubliés : insipides, obstructifs, stupide. A bas les messieurs de bronze en moustaches de mouton et en toges romaines qui posent comme de désolés Pecksniffs.

"'Oreille, 'oreille!" » dit M. Oldstein, qui commençait enfin à se sentir chez lui, mais qui était Pecksniff, soyez bénis ! pour sa vie, il ne savait pas.

June avait en effet utilisé sa baguette avec effet. Hôte dans son éloquence et invité dans son appréciation, rayonnaient l'un sur l'autre, mutuellement satisfaits. L'archidiacre était ravi de son débit de paroles. Le fait que ses nouvelles idées induites par les elfes étaient nouvelles pour lui augmentait l'intérêt et l'admiration respectueuse avec lesquels il écoutait toujours ses propres paroles. Il avait en fait oublié les pastilles dans son excitation ; et remarqua l'admiration qui brillait dans les yeux d'Oldstein. Il se sentait un réformateur, un bâtisseur de progrès, une force et une lumière du côté des anges. Il était content de lui.

La fée était satisfaite de son travail. Elle voletait, en chantant, par la fenêtre ouverte, pour éveiller les joies endormies du jardin. Elle s'attardait parmi les fleurs, leur donnant fraîcheur et éclat ; et planaient autour des branches des arbres, étudiant leurs conditions, admirant leur longue patience.

Elle a appelé Bim, lui a donné sa baguette et l'a envoyé errer dans le monde. Les moineaux gazouillèrent pour souhaiter une bonne nuit et partirent se reposer avant une autre journée de lutte, de querelles et de festin.

Pendant ce temps, l'archidiacre continuait joyeusement à battre son plein.

"Toutes les formes de monuments en pierre sont futiles", a-t-il déclaré en repoussant ses cheveux. "Le jour doit venir où elles ne seront plus que du bois de charpente, commémorant la folie. Les bâtisseurs des pyramides ne sont plus que des noms. Les Pharaons espéraient, en construisant ces tombeaux colossaux, s'acheter la gloire éternelle ; mais nous, nous souvenant des cruautés, du sang et les souffrances qui ont affecté leur bâtiment, ne les considérez que comme des souvenirs colossaux de honte. »

L'archidiacre fronça les sourcils, secoua la tête et sentit l'appel artistique à une pause significative.

Oldstein a été irrité par la référence aux premiers oppresseurs de son peuple. Il oublia sa timidité maladroite et éclata avec de vigoureuses expressions d'approbation et d'accord. Il n'a pas été réprimandé maintenant. Les applaudissements sont tolérables même pour les élus. L'archidiacre rayonnait gracieusement.

C'est alors que June revint dans la salle et, se rendant compte que le privilège de la parole était jusqu'alors devenu un monopole, jeta un sort à Emmanuel.

Sa volonté était une loi respectée.

L'archidiacre s'est retrouvé non seulement muet, mais verbalement assiégé. Il essaya de faire des sorties, de reprendre le fil de son argumentation ; mais jusqu'à ce que le charme de June soit dissipé, l'éloquence d'Oldstein se révéla irrésistible. Son hôte ne pouvait que fouiller dans son bureau et ses poches à la recherche de la boîte à pastilles qui se trouvait sur la cheminée derrière lui, et parfois être d'accord avec « Oui ».

"C'était une super soirée au Mansion 'Outh", a-t-il déclaré. « Je ne l'oublierai jamais ; et, Mithter Archidiacre, rien, tout au long de la procédure, ne m'a autant pénétré que votre appel à la charité parmi les travailleurs pour le respect du droit. Je me suis dit : « C'est un homme »… j'ai dit… » et c'est avec un lethon ! Si ce dignitaire de l'Église est assez courageux pour le dire, il y a « ope ». Je me disais pourtant : « Il n'y a pas beaucoup de pasteurs ayant le courage de lancer un tel appel à des gens qui les prendraient certainement au mot. Mais vous l'avez fait, Mithter Pryde ! Vous l'avez fait ! Dans ma synagogue, en tout cas, vos paroles ont été acceptées.

"Oui?" Cet hommage à son influence était délicieux, flatteur. Cela compensait l'interruption de la parole.

"Oui ! Notre pasteur a fait tout son possible pour commander des charbons au marguillier local la semaine dernière, et a exprimé l'espoir que d'ici peu certaines prières dites dans les églises contre les Turcs, les Juifs et les Infidèles pourraient rester intactes !"

"Ah!"

L'archidiacre s'assit sur sa chaise et cacha son visage dans ses mains, réfléchissant.

« Relancez votre appel, Mithter Pryde ; et encore et encore. C'est, je vous l'assure, très peu amusant d'être l'opprimé, comme nous les Juifs l'avons été pendant des siècles ! Même de nos jours, il suffit d'être juif pour savoir. Ce que ça fait d'être méprisé. Ce n'est pas pour autant que vous ne méritez pas d'être méprisé. Nous avons parmi nous des moutons noirs, comme vous, et il est facile d'être 'orride quand vous êtes mangé. " J'ai été mangé et frappé " - il y avait du feu dans le regard d'Oldstein - " et je l'ai récupéré et j'ai pris soin de le faire. Eh bien, je suis désolé pour beaucoup de choses. maître. J'ai travaillé dur moi-même, et j'ai travaillé les autres à fond. J'ai pris tous les shekels qui m'étaient dus, et j'en aurais pris davantage si j'avais pu les obtenir, et pourtant, je les aurais fait. Pourquoi ai-je mangé tous les Gentils, pourquoi mon cœur était-il plein d'une méchanceté amère envers tous, sauf mon propre peuple ?

"Ah, qui sait ? qui sait ?" dit l'archidiacre au plafond.

Oldstein, emporté par la passion de ses propres mots, lança un regard noir à celui qui posait la question.

"Les questions étaient rhétoriques, Mithter Pryde," répondit-il doucement. "Pourquoi ? Parce que je menais la vieille bataille que mon père et leur père devaient mener depuis que le péché a soumis mon peuple." Il éleva la voix. C'était comme la voix d'un prophète. L'archidiacre, écoutant, s'interrogeait et oubliait de remarquer les mots confus et la prononciation cassée qui proclamaient ce Juif comme étranger à l'intérieur des portes. « Il y a un an, au jour du Pharaon dont vous avez parlé, la malédiction vous a été imposée ; même maintenant, le joug n'a pas été enlevé ; nous sommes torturés par ses barbes et accablés par sa misère. beaucoup sont des fripons, des voleurs et des tyrans de l'argent, mais malgré tous nos défauts en tant que race, nous ne nous en sortons pas. C'est avec une race que nous sommes jugés, et avec un individu d'une race, nous sommes punis comme des étrangers mal lavés. comme des bêtes impures. Tout le ton de la religion est dans ce rapport à son vrai moi. En enseignant l'amour pour tous les hommes, elle oublie toujours le Juif étranger, prêcherez-vous, enseignerez-vous et agirez-vous de telle sorte que nous, les plus pauvres et les plus pauvres. les « plus humbles et les pires d'entre nous – peuvent bénéficier de la tolérance et du fair-play qui sont le droit de tout homme ? »

Oldstein avait épuisé le sort. Il avait dit ce qu'il avait à dire, il avait parlé au nom de son peuple, avec chaleur et sérieux. Son éclat d'éloquence était terminé. Il faisait à nouveau partie de la base du judaïsme, conscient de sa fierté de race, conscient en même temps d'un sentiment incompréhensible d'infériorité par rapport à cet Anglais grand, propre, pompeux et bien intentionné. Pourquoi en était-il ainsi ? Était-ce parce que, pendant des années, lui et ses ancêtres, bien qu'héritiers des responsabilités d'une aristocratie séculaire, avaient oublié leur héritage et se contentaient de reculer devant les puissants et les riches, heureux de se plier à leur vanité et à leurs vices, pour le bien de tous ? des shekels du commerce ?

Il y eut un silence – presque bruyant de pensées – pendant plus d'une minute.

June, avec sa baguette, avait remué de profondes mares. Les problèmes insolubles d'Israël étaient à nouveau d'actualité pendant un certain temps. Une autre étape dans la longue opposition entre les Gentils et les Juifs se manifesta. Cet antagonisme pourra-t-il un jour prendre fin ? Un tel fait compte-t-il parmi les possibilités humaines ? Des questions, des questions !

L'archidiacre, touché par le sérieux d'Oldstein, perdit son emphase et oublia ses poses. Il se pencha en avant ; posa la main sur l'épaule de son invité.

"J'aimerais que nous puissions tous mettre la main sur une organisation caritative plus large", a-t-il déclaré avec sérieux. "Quand j'ai parlé à la table du Lord Maire, je vous avoue que je ne savais pas bien tout ce qu'il y avait dans mes paroles. J'ai laissé libre cours à des idées que je n'avais jamais laissées s'exprimer, même dans mes pensées, auparavant. Les fées... - c'est à eux que nous avons attribué tout cela, n'est-ce pas ? - les fées ont dû me faire parler comme je l'ai fait. C'était une nuit étrange. La réforme était dans les coupes de vin. Nous avons construit des rêves chimériques et nous nous sommes engagés à le faire. respectez-les. Eh bien, je ne me plaindrai pas. Je suis sincèrement heureux d'avoir parlé comme je l'ai fait. Vous me rappelez les obligations qui incombent à tout homme religieux responsable. Je m'efforcerai plus jamais d'être à la hauteur de ces idéaux. Je juge ou condamne, par pensée ou implication, les opinions honnêtes des autres ; mais je crois que tous, dans une certaine mesure, font avancer le progrès de Dieu. Nos différences, dans leur plus grande mesure, sont insignifiantes dans une grande partie de notre travail que nous devrions unir ; ".

Ils se sont serré la main, confirmant leur engagement.

L'horloge sonnait six heures trente.

"Comme le temps a passé vite !" s'écria l'archidiacre, content d'être hors de propos. " Veux-tu m'excuser ? Il faut que je me dépêche et m'habille. Je dîne à huit heures avec la duchesse d'Armingham. J'allais te parler tant de choses sur les cimetières. Mais une autre fois ! Tellement content de t'avoir vu. Au revoir. !"

Oldstein y est allé. Adieu à lui aussi, en ce qui concerne cet ouvrage historique !

June décida d'accompagner son ecclésiastique à la table de la duchesse. Elle avait vu le dessous, maintenant le revers de la vie humaine. Chante Hé! pour le *haut ton !* comme dirait un poète de banlieue.

Elle monta à l'étage jusqu'au vestiaire et aida. Jamais auparavant le rasoir n'avait rasé avec autant de douceur, ni le valet de chambre n'avait été une machine aussi parfaite.

Lorsque l'archidiacre se dirigea vers l'ouest, il était dans l'état d'esprit le plus heureux. Il était devenu un optimiste total. Tout allait pour le mieux dans ce meilleur des mondes possibles.

Les chères fées !

CHAPITRE XII

UNE SOIREE

Les gnomes sont notoirement irresponsables ; mais la vie citadine et un objectif élevé avaient apporté des changements à Bim. Il se glissa sous le portail vert foncé qui délimitait l'allée des cochères et entra dans le monde avec un peu de cet air de responsabilité qui cache la dignité d'un échevin nouvellement élu.

Bim ne se faisait aucune illusion quant à ses capacités actuelles. La baguette de June faisait de lui un pouvoir, et il le savait. Il était capable de contrôler les mortels ; et s'est promis avec confiance des événements.

Il errait dans les rues et les passages, indifférent et ignorant où ils devaient le conduire, indéterminé quant à ce qu'il devait faire. Il vit un fiacre ramper. Cela aiderait aussi bien que n'importe quoi. Imitant l'action de June le soir du banquet, il agita la baguette et, par sa volonté elfique, contraignit le cocher à maîtriser son destrier somnolent.

Bim grimpa sur la patte arrière du cheval et courut le long des rênes traînantes jusqu'au toit. Dès qu'il fut confortablement installé là, le chauffeur, qui prenait les choses comme une évidence, donna le clic de langue nécessaire et fit démarrer l'arrière-petit-fils de Bucéphale et de Rozinante.

Bim a "fait" quelques rues principales. Il contrôlait l'homme et l'incitait à emprunter les routes les plus ambitieuses et là où se trouvaient les magasins les plus brillants. Il observait les allées et venues des gens et décidait quoi faire.

Il a été touché de voir les flots de femmes et d'enfants pauvres faire leurs courses et faire leurs courses. Sa sympathie exagérait leur apparente fatigue. Ils le regardèrent si las qu'il ordonna au cocher d'inviter certains d'entre eux à accepter les ascenseurs en cours de route.

"Fatiguée, maman?" disait le chauffeur, bonne âme !, à une vieille dame qui peinait avec son fardeau de paquets du soir. "Dans ton connard !" Ou à un enfant : « Saute à bord, canard ! J'aimerais *te* conduire. Où veux-tu aller ? »

Cela a donc duré une heure. Cabby avait l'impression d'être à Noël.

Puis le cheval non récompensé commença à bouger avec lassitude et à montrer d'autres signes d'en avoir fait assez. Bim ôta le sort, grimpa de son siège sur le toit jusqu'à l'arrière du taxi et laissa le conducteur attacher le sac nasal du cheval à son emplacement d'affaires.

"Le moment de ma vie", a déclaré Jéhu avec enthousiasme à un collègue maussade. "J'ai passé un moment très agréable. Maintenant, vous avez une chance, mon vieux", et il a expliqué en détail ses actions et son bonheur.

"Hein ?" grogna l'autre, mépris, incrédulité et refus exprimés dans l'interjection.

C'était suffisant pour Bim. Il frappa violemment le crétin à la botte. La conversion a suivi immédiatement.

"Eh bien, supposons que je le fasse", dit-il en essuyant la mousse imaginaire de ses lèvres. "Je n'ai pas fait si mal aujourd'hui. Je le ferai pendant une heure - c'est foutu si je ne le fais pas ! - puis je laisserai le travail."

Bim s'est retrouvé sur le quai près de l'aiguille de Cléopâtre. Il saisit soigneusement la baguette et grimpa jusqu'à la tête du sphinx qui regarde vers l'est. Assis là, il essayait d'élaborer un programme d'activités et regardait la rivière grise couler lentement, silencieusement ; différent, si différent du flot de la circulation, des tramways allumés, des automobiles qui hululent, des voitures fringantes, avec leurs chargements de mortels, qui se précipitaient bruyamment. Oh, l'inquiétude de l'homme ! Le gnome fut impressionné par la sagesse de l'eau. Il emportait vers la mer, silencieusement, les pensées du sphinx qui, les yeux grands ouverts, observait Londres.

C'est alors que June le vit. Elle roulait vers l'ouest dans le coupé de l'archidiacre et brillait, petit être de lumière, réjouissant l'obscurité de la voiture. Bim lui brandit triomphalement la baguette. Elle lui lança des sourires. Joyeux gnome ! Son sérieux s'enflamma immédiatement. Puis l'altruisme a fusionné avec la malice. Il a jeté ses plans et son programme aux huit vents. Il peindrait la ville en rouge féerique. Pourquoi ne pas devenir fou ?

Il sauta du sphinx, enfila la casquette à visière d'un inspecteur de police de passage et inonda le fonctionnaire de magie. Un sergent s'est approché et a salué.

"Bonsoir, Baines", dit l'inspecteur. "Dites aux hommes d'être très gentils avec tous les pauvres gars ce soir. Dites-leur de fermer les yeux sur les sans-abri et les affamés. Les fées le souhaiteraient. Dites-leur de transmettre cet ordre; nous devons plaire aux fées. "

Le sergent le regarda. C'était sans précédent. À quoi allait aboutir l'autorité ?

"Bien, monsieur," répondit-il, et il salua à nouveau. "Je vais y veiller", et je l'ai fait.

L'inspecteur se dirigea vers Scotland Yard, plus que d'habitude satisfait de lui-même.

Bim remarqua alors par hasard une étrange créature vautrée au bout d'un siège. La curiosité le poussa à bondir. Il est descendu sur un tour.

Tout le monde au Pays des Fées est naturellement attiré par la poésie et amoureux de l'amour. L'un des buts des elfes est d'aider les personnes affectées et d'idéaliser les sentiments des amoureux, les rendant dignes de leurs privilèges. Ils remplissent fidèlement cet objectif. Lorsque les cours de Cupidon se déroulent sans problème, les elfes ont été utiles. Les amours malheureuses sont invariablement celles qui ne sont pas bénies par le peuple d'Obéron. Ils gardent un œil attentif, prêts à entraver les projets de parents sages du monde.

Bim a étudié une bête étrange. Il semblait se composer d'un grand chapeau à nombreux rubans, de plusieurs bras et d'un vêtement étendu. Les amoureux! Son nez était dans Son cou. Il y avait un mouvement et un tremblement occasionnels, suivis d'un baiser sonore, l'un des baisers qui frappaient. Les passants étaient nombreux, mais l'Amour ne se souciait pas du tout, mais de l'Amour ! Les curieux et les méprisants avaient cent occasions de porter un jugement cynique ; qu'ils ont utilisé, pour ensuite être entièrement ignoré.

Dans tous les parcs et places de Londres, on pouvait assister à des exhibitions similaires de bathos vulgaires, flopés et sans honte ; chaque paire de quelque cent mille amants étant merveilleusement indifférente à tout le reste sauf à leur propre moi suffisant.

Pendant ce temps, le gnome était assis sur les genoux et s'interrogeait, impressionné et troublé : écoutant avec impatience, attendant avec impatience des paroles d'amour mielleuses.

Le silence couvait. Big Ben a frappé.

"Huit heures!" dit Strephon à Phyllis et il l'embrassa.

Le silence couvait à nouveau.

Bim s'enfuit consterné vers le siège suivant, où se trouvait un autre couple amoureux. Il fut témoin d'un festin similaire de bathos d'airain.

Un silence stupide pesait encore sur le ravissement. Il a attendu.

La grande horloge sonna de nouveau.

"Il est un quart", dit-elle, et un baiser s'envola vers le ciel.

De siège en siège, Bim allait ; chaque mouvement était marqué par les carillons de l'horloge parlementaire. "Heure et demie." "Moins le quart." "Neuf."

Tel était le dialogue de l'amour. Ô temps ! Ô manières ! Où sont nos ravissements, nos sonnets et rhapsodies ?

Bim est devenu furieux. Il courut à toute vitesse le long de l'Embankment, poussant vicieusement avec sa baguette tous les couples amoureux : et ainsi de suite, à travers Story's Gate jusqu'à St. James's Park. En chemin, il croisait des dizaines d'amants ambulants. Il a jeté son sort sur chaque paire d'entre eux.

Il traversa Green Park en toute hâte et traversa Piccadilly jusqu'à Hyde Park. Partout où il allait, il transportait la magie et produisait ses conséquences. Les innombrables langues de l'amour n'étaient plus liées. Des pensées jusqu'alors muettes trouvèrent un discours éclatant.

Le gnome était devenu fou et se vengeait.

"Chéri, chéri, chéri, chéri!" dit un jeune homme dans une extase croissante à chaque syllabe.

"Chéri, chéri, chéri!" » fut la réponse féminine, sur un ton ravi.

Puis une autre voix douce fut doucement portée par le vent d'ouest.

"Je sais où se trouve le plus petit canard d'une casserole qui conviendra parfaitement à notre petit intime."

Les étoiles scintillaient.

"Est-ce que-euh !" » fut la réponse masculine.

Les étoiles scintillaient toujours.

"Ted," dit Emma, "est-ce que tu m'aimes, tu m'aimes ?" Elle avait assisté à une série de mélodrames populaires et se voyait languissante et ravie. Elle posait des questions avec émotion, avec l'accent qui vient avec la répétition.

"C'est ce que je fais, vieux Gell!" vint la réponse.

"Et est-ce que toi, mon cœur, tu m'aimeras toujours, m'aimeras-tu ?"

"S'aide-moi ! vieux Gell, je le ferai !"

"Puis un autre, Ted." Il y eut un bruit semblable à celui d'aboiements de mitrailleuses à distance bleue. Emma semblait satisfaite.

Bim était content. Il n'avait pas cherché les mots en violet et ne pouvait donc pas se sentir déçu. Mais alors qu'il travaillait de chaise en chaise, il ne pouvait s'empêcher d'accumuler le souhait que davantage de poète mineur soit né dans le peuple. La prose qui en résulta valait mieux qu'un simple récit du temps ; mais, sûrement, il n'était pas digne des colombes d'Aphrodite.

Peu à peu, le mieux est venu. C'était le travail d'une imitation inconsciente.

Les exemples furent rapidement suivis dans de nombreuses directions. Plusieurs cochers, ayant gagné leur journée et un peu plus, utilisaient désormais leurs fiacres et leurs chevaux encore infatigables pour transporter sur de courtes distances des tarifs trop pauvres pour payer un trajet. Les taxis et les voitures particulières bourdonnaient de philanthropie. Les policiers, exécutant et exécutant les ordres de l'inspecteur, aidaient de toute urgence les messieurs défavorisés à se sentir aussi à l'aise que les conditions extérieures le permettaient.

De même, en cette soirée bénie, les amants, influencés par Bim, ont commencé à être dignes de Juliette et de leurs camarades de la compagnie embrassée du ciel pour qui la passion est devenue sanctifiée et la possession de l'amour est une joie couronnée, une puissance intronisée. , faisant de ses adeptes des reines et des princes ---- Ah moi, et ainsi de suite ! La multitude d'amants eut peu à peu honte de leur disgracieuseté. Ils marchaient maintenant, ou s'asseyaient avec un meilleur sens des convenances pittoresques. Les étalages et les câlins ont été reportés aux fauteuils de la maison. Les parcs devinrent tolérables pour les mariés.

Çà et là, un joyeux époux s'allongeait aux pieds de sa dame. Les méthodes de la comédie musicale étaient appliquées à juste titre à la prose de la vie. Ernie Jenkins était l'un de ces gisants. C'était sa soirée hebdomadaire avec Emily, assise sur une chaise sous un châtaignier, absorbant régulièrement des gouttes d'acide. Ses cheveux roux étaient raides, mais il effleurait son front comme s'il était couvert de mèches d'amour.

"Émilie ! Émilie !" murmura-t-il à plusieurs reprises. Jamais ses sentiments pour elle n'avaient été aussi romantiques qu'il le paraissait maintenant. Sa poitrine étroite se dilatait de ravissement et se contractait de soupirs. Il se savait chanceux. Bim l'avait presque convaincu de franchir le pas. Bien qu'incapable d'aller aussi loin, Ernie s'est juré mentalement de réduire sa consommation hebdomadaire de bière amère, afin de mieux se procurer un pécule pour les meubles - ce qui ressemble à une métaphore mixte, mais ne l'est pas ; et si c'était le cas, cela peut être imputé aux fées, qui peuvent faire tout ce qu'elles veulent grammaticalement, même jusqu'à diviser les infinitifs, ce que les auteurs mortels ne peuvent jamais faire.

Hyde Park est devenu de plus en plus agréable pour Bim au cours de cette soirée de bonheur. Il voltigeait comme si des ailes étaient sur ses pieds et, avec la baguette de June, il aidait les fleurs, les oiseaux, les herbes et les vents à devenir plus féeriques. Ces existences bénies se sont comportées comme si elles réalisaient et appréciaient le changement ; et, à leur honneur, aucun espace vert et verdoyant dans le Londres bondé n'avait autant d'accord avec Falkland que les fleurs, les oiseaux, les herbes, les vents de Hyde Park à l'époque. Après tout, la nature est une très bonne poète.

Une nouvelle lune fait son apparition. Il jaillissait d'un berceau de nuages. Vénus et Jupiter brillaient en dessous. D'autres étoiles à leur place brillaient.

C'était la première nuit qui réjouissait Londres depuis la folie du 1er mai de juin ; et quant à la très, très longue période qui a précédé cela, oh mon Dieu ! Oh cher!

June, regardant à travers une fenêtre ducale, s'est rendu compte de l'amélioration et était ravie de Bim. Elle savait que c'était en grande partie sa faute – la sienne et celle de la baguette. Sa sympathie devint rayonnante à son égard. C'était un bon gnome, et lorsqu'ils seraient revenus, victorieux et pardonnés, au Pays des Roses Sauvages – comme elle n'avait aucun doute qu'ils le feraient un jour – il devrait être récompensé. Peut-être qu'elle l'embrasserait.

Lentement, mais trop rapidement, le temps passait. Le groupe qui, pendant trois heures confortables, avait remué le cœur de centaines de personnes, a joué l'hymne national de bonne nuit et éteint ses lumières. Deux par deux, les amants retournèrent chez eux, chaque couple joyeusement émotif, se réjouissant de l'enchantement, délicieusement maîtrisé. Il y eut plus de mariages décidés, plus d'attachements confirmés et d'histoires d'amour au cours de cette soirée que jamais auparavant - à l'exception peut-être du dernier des jours supralapsaires.

L'auteur de cette splendide amélioration était assis, souriant et fatigué, sur une boîte à cigarettes abandonnée. Il se réjouissait du grand silence et de l'herbe rosée.

Le parc devenait de plus en plus immobile. De tous côtés, il y avait le bourdonnement éternel de la circulation. Les voyageurs solitaires passaient silencieusement le long des allées et s'évanouissaient dans l'obscurité. De temps en temps, l'ombre d'un rire se faisait entendre, des appels de taxi occasionnels, un clairon lointain sonnant le dernier poste, une voix d'homme grêlant. Peu à peu, même de tels sons se perdirent dans le silence qui enveloppait tout ; la nuit était très calme.

Il y avait de la place pour les fées ici, pensa Bim, mais il n'y avait pas de fées. Il devrait y en avoir des bagues, riant et dansant légèrement ; faire la joie des étoiles. Hyde Park, dans sa solitude, les attendait. Eux seuls étaient nécessaires pour en faire le jardin parfait.

Les places des elfes avaient été prises par des créatures d'une argile très différente. Il y a environ une heure, le parc était rempli de jeunes pleins d'espoir, heureux et confiants. La différence maintenant !

Dans toutes les directions dormaient ou grommelaient sur l'herbe les déchets humains de notre système social ; les vieillards, les laids, les désespérés, les infirmes et les inaptes ; les restes économes, sans travail, sans valeur – usés de toutes sortes d'humanité misérable. Pauvres misérables dont les jours étaient depuis longtemps damnés ! Leurs dos sont affaiblis par les fardeaux.

Ils n'ont même pas un espoir dans leurs poches. Ils ont péché et souffert ; J'ai appris les nombreuses leçons de l'amertume et j'ai été écrasé. Ils ont eu faim et ont dû continuer à avoir faim ; ont été mouillés, froids et, dans leurs frissons, n'avaient pas de meilleur abri qu'un appartement en ruine ou une arcade venteuse ; leurs seules amitiés ont été avec des membres de leur propre sombre fraternité. Heureux Lear ! Ils ont touché le désir par le crime et ont été contraints de payer les peines de la loi et du monde. Ce genre de dérive des villes n'est pas à négliger. Ils sont nés pour souffrir, pour endurer ; ne connaître que la honte ; mourir.

Le gnome reprit son errance et regarda avec étonnement les nombreux visages endormis. C'était le spectacle le plus étonnant qu'il ait jamais vu. Les marques de la méchanceté et du besoin étaient gravées sur eux. Oui, June avait raison dans sa folie. Les fées auraient dû empêcher cela. La tragédie est permise lorsqu'elle est romantique, mais la tragédie de la misère qu'éclairait alors l'éclat des étoiles était laide, mauvaise, la première et la dernière des hontes. Le gnome rencontra Lazy Tim, allongé sur un journal ouvert, profondément endormi, ronflant la bouche grande ouverte.

Tim était un vaurien. Il n'avait ni scrupule, ni espoir, ni ambition, ni bénédiction. Son père et sa mère avaient également été des vauriens. Au-delà d'eux, il n'avait pas d'histoire. Il n'avait jamais été dans une école, ni su ce que signifiait la discipline – autre que celle de la prison et de la prison ordinaire. Il n'avait jamais pris goût au travail, mais, grâce à des imbéciles aiguisés, il avait gagné ici et là de nombreux sous de travers. Il avait été engagé comme ouvrier agricole et comme ouvrier d'usine à maintes reprises ; mais la monotonie de l'un des emplois et le caractère carcéral de l'autre l'avaient toujours poussé à retourner dans le monde indépendant. Tim était immoral et incorrigible. Il n'avait connu aucune direction dans ses voies. Il avait l'idée qu'il était sage d'éviter tout homme en uniforme, et c'était à peu près tout.

L'expérience lui avait cependant appris de nombreuses astuces de ruse bon marché. Il pourrait, lorsqu'il serait d'humeur, lancer une histoire sur sa femme et ses enfants inexistants et sur la bronchite, ce qui rendrait une pierre humide de sympathie. Il avait même, en une occasion extraordinaire, obtenu six pence d'un secrétaire local de la Charity Organization Society, et avait souvent charmé la générosité de nombreuses religieuses par ses soupirs et ses aspirations. Il aurait pris n'importe quelle religion de votre choix pour un repas carré. Autrefois, il y avait peut-être du bon matériel chez Tim ; mais il avait germé et avait été perdu. Il n'avait pas eu une seule chance équitable. Il était venu au monde inopportunément. Les destins dormaient quand il est né. Depuis son enfance, il avait été affamé, volé, péché – si tant est qu'il puisse « pécher » –, puni et négligé ; et ainsi a été détruit.

Bim, étudiant le visage endormi, fut émue par la pitié de la fée. Il ne savait rien de l'expérience passée de Tim, des opportunités refusées, refusées et perdues ; mais je pouvais voir que l'homme était intrinsèquement malheureux. C'était assez. Pauvre misérable ! Il faut faire quelque chose pour lui immédiatement. Il aurait souhaité que June soit là pour prescrire le remède. Mais il ne servait à rien de formuler des vœux infructueux. Ce n'est pas la manière de faire d'Elfland.

Il remonta le corps de Tim et sentit la forme dévastée sous ses pieds. Les os et la faim, telle était l'histoire ; les os, la faim et les haillons. Il se tenait près de la barbe emmêlée et, du bout de sa baguette, caressait doucement le visage ridé et décharné. Visage fatigué et laid ! Cela avait l'air si faible, oui, et si brutal dans la lumière sombre de la nuit. Des cicatrices étaient gravées sur les joues et le front ; le nez était avili et portait les marques de l'alcool et des combats. Les cheveux, enchevêtrés, gris et sales, coulaient sous un chapeau cassé. Voilà un homme dans la fleur de l'âge, finalement ruiné.

Tim se réveillerait bientôt. A quoi servait son réveil ? Mieux vaut toujours dormir et rêver que de revivre pour le désespoir d'une journée et la longue misère d'une vie.

Bim posa la pointe de sa baguette sur le front de l'homme endormi et réfléchit à ces choses.

Soudain Tim se réveilla, s'étira, se leva, se secoua, éclata de rire. Il ôta son chapeau et l'examina attentivement. "Une couronne royale !" s'écria-t-il. Il caressait ses haillons et était joyeux. "Hermine et violette." Sa faim était oubliée ; sa soif, son seul compagnon toujours fidèle, ne faisait plus de supplications. "Des fêtes en abondance!" s'exclama-t-il en levant joyeusement les bras vers les étoiles. "Quel palais j'ai ! Quel royaume ! Oh, mon héritage royal ! C'est bon d'être en vie, d'être roi, roi, roi !"

Tim avait trouvé le bonheur. Il ne pourrait plus jamais connaître les méfaits de l'amère réalité. Désormais, il fut doté d'illusions. Il a été « touché ». Bim et la baguette avaient réalisé la merveille.

Bienheureux les pauvres que les fées ont touchés. Chapeau bas, messieurs ! Ils sont bien au-delà des misères de la vie. Ils sont des rois à part entière, des rois heureux. Nous qui avons les soucis bleus et jaunes, même si nous pouvons faire tinter des pièces dans nos poches, sommes bien moins heureux qu'eux.

Bim grimpa sur un châtaignier et trouva le sommeil dans un nid d'oiseau.

CHAPITRE XIII

EN SOCIÉTÉ

Tandis que la voiture de l'archidiacre roulait vers l'ouest, June observait les gens dans les rues bondées et se faisait une idée de la tâche qui l'attendait.

Elle et son écuyer avaient déjà fait beaucoup. Ils avaient accéléré les efforts des bonnes gens toujours à l'œuvre. Ils avaient guidé les bienveillants et les bienfaisants sur les voies de la sagesse. Ils avaient fait beaucoup, beaucoup, mais ce n'était rien en comparaison des besoins. Vers le nord, le sud, l'est et l'ouest, elle avait volé dans ses pérégrinations, pour découvrir à peu près les mêmes problèmes, la même misère, l'égoïsme, la laideur et le besoin - héritages malheureux de l'insouciance et des méfaits du passé - répandus partout. Les bidonvilles et l'indifférence abondaient partout où elle volait. C'était l'indifférence qui la troublait particulièrement. Elle appuya sa tête sur la gousset de l'archidiacre et pleura.

La perspective qui s'offrait à elle et à Bim semblait épouvantable. Seulement le gnome et elle – deux, alors qu'en réalité ce qu'il fallait, c'était une armée organisée du Pays des Elfes composée d'esprits doux dotés de balais magiques et d'épées enchantées.

Mais il ne servait à rien de soupirer devant l'indisponibilité. Elle doit avancer du mieux qu'elle peut, en tirant le meilleur parti de ses propres pouvoirs, de ses intentions et de Bim.

Armingham House se dresse sur une place terne et respectable. Deux bêtes armoriées de pierre gardent la vilaine porte. Ce sont des monstres légendaires, pas des wyvernes, ni des griffons, ni des licornes, ni des fausses tortues, mais plutôt une combinaison de tout cela. Sur l'arc de la porte se trouve une devise cassée, qui signifie quelque chose d'héroïque en très mauvais français. Il provient d'un incident martial médiéval ; personne ne se souvient de quoi. L'un des avantages d'une longue descente est un flou commode quant à certains événements et débuts.

Le duc d'Armingham possédait toutes les caractéristiques d'une aristocratie extrême. Son sang bleu, son nez haut, ses sourcils arqués et ses mains fines ne pouvaient être améliorés que par un portraitiste idéaliste. Ils étaient des marques sûres de classe et de culture. Il avait une voix douce, des manières délibérées et l'habitude d'agiter son pince-nez lorsqu'il parlait, qui marquent l'autorité. Tout au long de sa vie, chaque fois qu'il parlait, les autres devaient se taire ; il n'était donc pas nécessaire que sa voix s'élève ou que son ton devienne strident.

Ses modes étaient celles du début des années soixante-dix. Jusque-là, il avait surpassé les dandys et était glorieux à l'avant-garde de son temps. Puis son style est resté immobile. Tout ordre vestimentaire plus récent que celui affecté par Louis Napoléon était périmé, déclara-t-il. Il était, dans ces derniers jours, une vieille chose chère, gentille et aussi parfaitement heureuse qu'un duc peut l'être. Il supportait les désavantages de sa richesse et de sa position avec une merveilleuse légèreté, et était capable, en réfléchissant, d'éviter d'envier ses inférieurs. Il ne craignait rien sauf la foudre, la boue à Piccadilly et sa duchesse un jour de cour.

Sa femme était encore plus assurément un être exalté. La rumeur disait que dans sa jeunesse, elle avait été gouvernante de crèche ; mais ceux qui devraient faire autorité en la matière déclarèrent que la rumeur mentait. Quoi qu'il en soit, les livres dorés et écarlates qui racontent les histoires du titré lui donnaient un colonel pour père, de sorte que son sang était probablement quelque chose de bleu. Dans ses robes et ses grâces, elle ressemblait certainement à une duchesse, et il y en avait beaucoup.

Son influence dans le monde était digne de son rang. Elle avait des yeux qui commandaient et pouvaient donner l'impression que la présomption était un paillasson un jour de pluie. Elle n'oubliait jamais sa couronne et n'était pas géniale ; en fait, elle regardait l'humanité à travers des lorgnettes décroissantes et la voyait petite. Elle était l'une des deux cent vingt-trois femmes, partout dans le monde, qui se savent des surhommes.

Lorsque June et l'archidiacre arrivèrent à Armingham House, la fée n'était pas tout à fait remise de ses dépotoirs. Elle avait perdu un moment confiance en elle et ne se sentait plus militante. Elle s'accrocha à l'archidiacre et fut portée par lui dans l'escalier blanc et bleu entre des valets à tête d'argent. La scène où les invités étaient accueillis était magnifique. Les domestiques dans leur livrée jaune, les dames avec leurs bijoux, l'éclat, les rires et les fleurs, faisaient une circonstance splendide.

L'image, aussi belle soit-elle aux yeux des mortels, ne parvenait pas à sortir June de son état de lassitude et de conscience d'elle-même. Elle écoutait le discours et observait le mouvement avec indifférence. Tout cela n'était qu'une question de rêve. En comparaison avec la richesse et la royauté du Pays des Fées, ce n'était que de l'ombre, du bruit, des absurdités et des guirlandes !

Elle se sentait certainement peu reconnaissante et déprimée.

L'archidiacre passa par les salutations et entra en conversation avec Lord Geoffrey Season, le troisième et plus jeune fils du duc d'Armingham.

Lord Geoffrey était un jeune homme doré de vingt-sept ans. Depuis son sixième anniversaire, il était destiné au Parlement. Il y avait une circonscription du comté qui attendait qu'il accepte ses suffrages lors des prochaines élections générales ; tandis que l'influence familiale et la façon dont il portait ses vêtements garantissaient qu'il se verrait confier ses fonctions très tôt. Jusqu'à présent, il n'avait fait que ce qu'il fallait faire. Il avait la qualité d'un homme d'État de ne jamais être original, de pouvoir exprimer l'évidence avec profondeur et de promettre de ne commettre aucune erreur, ce qui, après tout, est un peu moins que le destin envoyé du ciel. Il était d'ailleurs – à présent – une sorte d'idiot.

June s'est réveillée de sa léthargie pour s'intéresser à lui. Elle aimait ses cheveux ondulés et ses yeux bleu porcelaine, mais son énergie dormait toujours. Elle garderait les yeux sur Geoffrey. Elle voyait en lui des possibilités.

En observant les invités, en étudiant paresseusement leur luminosité d'esprit et leur contenu corporel évident, en notant le luxe des environs, elle doit forcément en venir à l'établissement de comparaisons et de contrastes. C'était différent de la misère sordide dont elle avait été témoin et endurée depuis son entrée à Londres ! Ce n'était pas seulement Paradise Court qui formait le grand contraste, mais d'innombrables bidonvilles dans toutes les parties de la métropole ; et, liés à eux, ces habitations sombres à la respectabilité en difficulté, les cent mille maisons laides dans des rues tristes et peu glorieuses, occupées par des corvées qui, jour après jour, au fil des années, peinent dans les magasins et les bureaux, vendant la vie que Dieu leur a donnée pour un peu de scories, un peu de patronage et quelques moments de bonheur conventionnel.

(C'est le jugement des Fées.)

Après ces années de travail peu rentable - loin de la nature, loin de la grande réalité - et après la pratique fidèle du rituel, selon l'évangile de Mme Grundy, les pauvres deviennent frères et sœurs des légumes et meurent. . Alors éloignez-vous de leur vie !

Et ici – à l'autre extrême – se trouvait ce grand écrin ducal de luxe et de rire, accueillant un cercle restreint et choisi de personnes qui, si elles le voulaient, n'avaient besoin que d'être heureuses et de s'amuser. Heigho! des paradoxes au centuple demeurent dans l'ombre à chaque coin de rue.

June se souvint des fantômes de la Cour du Paradis et, d'une manière différente du Pharaon que Moïse réprimandait, endurcit son cœur. Obéron, ou pas Obéron, les fées devraient revenir à Londres ! Pour le bien des soi-disant riches, ainsi que pour le bien des très pauvres, ils doivent recréer le royaume des Elfes sur les sept miles carrés et exercer leur influence bénie à travers la banlieue. Si cela ne pouvait pas avoir lieu avant qu'elle doive rendre la couronne, alors cela devait être après. En tout cas, ça doit être le cas. C'était certain, plat, absolu. Londres devrait être reconquise.

La partenaire de table de l'archidiacre était Mme Billie Thyme, une petite dame rose et blonde, dont le vieux mari trop riche finançait ses modes et lui donnait par conséquent amplement l'occasion de briller dans les paragraphes personnels des journaux du soir. Mme Billie n'était pas du tout *blasée*, même si elle soupirait après de nouvelles excitations à conquérir.

Elle était toujours dans une veine infinie de battements et de bavardages. La plupart des personnages élevés étaient heureux de lui dire des sottises ; dans les bazars et les garden-parties, sa danse en jupe attirait la foule. Elle était l'une des préférées de la duchesse et divertissait le cercle de dîners avec des conversations tintantes.

C'est elle qui a commencé sur les fées. Ils étaient rarement exclus des conversations de cette époque. June était encore rêveusement inerte, trônant sur une grande salière en argent, observant et s'interrogeant avec indifférence, pas encore assez vivement intéressée pour utiliser ces marionnettes pour faire avancer ses idées.

"Et que devons-nous penser de cet engouement pour les fées ?" Mme Thyme a posé des questions à l'entreprise en général.

Il n'y a pas eu de réponse immédiate. L'archidiacre a laissé la question à quelqu'un d'autre pour y répondre. Dans la société, il essayait habituellement de rester assis sur la clôture.

"Une merveille de neuf jours !" » dit Lord Geoffrey. "De simples absurdités, comme l'étaient le ping-pong et le diabolo."

« Une folie aujourd'hui ; oubliée demain ; et après une triste réflexion » – ceci vient d'un romancier du moment – « la démocratie est un bébé qui casse vite ses jouets. »

"Cela a déjà duré près de neuf semaines", répondit doucement le duc. "C'est étrange, je ne comprends pas. C'est ce type de Mansion-House, le Lord Maire, qui l'a lancé. Le mouvement semble s'étendre. La plupart des mouvements se propagent de nos jours. Nous n'avons pas fait ce genre de chose dans les années soixante-dix."

"En effet, non", acquiesça la duchesse, de sa meilleure voix de commandant. "Quand j'étais une 'garçon', la croyance aux fées persistait parmi les Irlandais et nulle part ailleurs. Ces conseils scolaires et ces syndicats ont causé ces absurdités, j'en suis sûr."

"Il y a un fait encourageant, Duchesse !" s'écria le romancier, évidemment égoïste, qui se faisait appeler Douglas le Dare, bien que son patronyme fût Barlow et que son père l'eût baptisé William. "C'est que dans notre littérature - le test de notre esprit - nous nous en tenons à une vie saine et à la pure vérité. Les contes de fées ne s'écrivent pas de nos jours; une telle originalité est futile. Nous tissons nos romans autour de la vie quotidienne, nous ornons triste vérité, et quel est le résultat ? J'ai vendu cinquante mille exemplaires de mon dernier livre. »

"As-tu vraiment?" dit Mme Thyme en ouvrant ses yeux bleus au maximum. "Je pense que je vais écrire !"

"Ha!" dit-il en secouant ses mèches gris fer (ses cheveux étaient une publicité), tu devrais écrire, mais traite-toi des faits, des faits, des fées, pah ! ce ne sont qu'une sorte d'esprit mental. champignons. Le public veut de la prose. Faites toujours plaisir au public ! C'est la racine du succès littéraire.

June était en vie maintenant. Ses ailes frémirent d'indignation. La couronne sur sa tête brillait de lumière elfique. Elle était en colère, en colère. Mais elle ne faisait aucun mouvement, se contentant de s'asseoir droite sur la salière, très attentive à ce que diraient ces créatures d'argile.

"Si vous commencez à écrire, Katie", dit le duc à Mme Thyme, "vous devez cultiver une ou deux excentricités, n'est-ce pas, M. le Dare ?"

"Oh, je ne sais pas, Duke !"

"Oh, je le dois?" s'exclama-t-elle, l'impatience allumée dans ses yeux. "Parlez-moi d'une excentricité ou deux!"

"Désolé, je ne peux pas, Mme Thyme. Tout mon temps libre est occupé à réfléchir à mes propres excentricités, au peu de choses auxquelles je me livre. Non; ce dont vous avez vraiment besoin, c'est d'être sérieusement sérieux et de bien voir après le publicité de vos livres.

Puis un baronnet barbu, qui portait un monocle étincelant et trouvait humoristique d'intervenir, se joignit à nous.

"En parlant de fées et de Lord Maire," dit-il, "n'étiez-vous pas mêlé à cette petite affaire au Mansion House, M. Archidiacre ? Hein ? Quoi ?"

Les yeux se tournèrent vers la personne à qui on s'adressait, qui, trouvant que ses théories ne promettaient pas d'être populaires dans cette entreprise, était prêt à garder le silence pendant que la marée de dépréciation coulait. Toute sa vie, il avait été du côté des acclamations. June le regarda. Elle avait hâte de voir comment il supportait l'épreuve. S'il échouait et se montrait infidèle, le pouvoir du Pays des Fées en serait diminué, car la foi est ce qui donne la force. Elle n'a rien fait pour l'influencer. Même si, dans son indignation, la magie émanait de sa personnalité, elle ne devait pas l'affecter.

Il sirota son sherry et répondit avec délibération, tandis que les autres écoutaient de toutes leurs oreilles.

"J'étais là, Sir Claude. C'était une occasion merveilleuse. L'endroit semblait charmé, enchanté. Chacun de la compagnie, magnats de la ville, hommes pratiques, marchands, etc., prenait des résolutions pour le bien de nos camarades. Sous cette influence de l'enchantement, j'ai pris des résolutions aussi, je crois que nous les avons tous tenues.

Il y eut un petit moment de silence interrompu seulement par le glissement des couteaux et des fourchettes.

"Archidiacre, croyez-vous vraiment aux fées ?" » demanda Mme Thyme, de sa voix picotée.

June, piquée par le doute entourant la question, se demanda si la couleur des cheveux de Mme Billie était née ou créée.

"Oui, absolument. Je suis fier d'être sûr qu'ils existent."

« Push ! » » dit Douglas le Dare.

"Ils existent", a réaffirmé l'archidiacre.

La victoire! June glissa hors de la salière et commença une danse de réjouissance, de triomphe, un *pas-de-seul* parmi les coupes de vin. Aucun membre de la compagnie ne pouvait la voir ; c'était une beauté perdue aux yeux des mortels. Seul l'archidiacre, qui possédait une certaine foi féerique, avait une lueur de la gaieté et de la beauté du poème-mouvement alors en cours. Cela lui donnait du courage de se battre pour ce qu'il aurait appelé la cause d'Obéron.

La pièce devint remplie de magie. Des sorts de pure joie étaient tissés à partir des entrelacs des pieds de June et gouvernaient tout le monde sauf un. Le majordome et ses hommes, attendant avec l'imperturbabilité des grenadiers à la parade, étaient enclins à danser en chœur ; mais la discipline et le fait de savoir que les yeux de la duchesse étaient rivés sur eux les maintenaient attentifs.

La fée dansait toujours. Çà et là, elle trébuchait sur le damas, voltigeait légèrement autour des épergnes aux jeunes fleurs d'été ; puis autour de la tête des convives, stimulant leurs idées, leur donnant de délicieuses fantaisies poétiques, se tenant de temps en temps, les pieds délicats et les ailes déployées, sur les bords des verres, les rendant tous heureux, tous heureux mais --la duchesse.

Elle seule, pendant cette période d'enchantement, est restée indifférente et obstinée. La mode a une influence pétrifiante. Sa Grâce, qui considérait comme son devoir de toujours ignorer ce qui est démodé, avec des lèvres raides, était à présent au-dessus même des pouvoirs adoucissants de June.

Elle restait comme une pierre, antipathique, incompréhensible. La conversation était muette pendant cette période terpsichoréenne.

June se reposa longuement et s'envola, toute contente, pour se coucher parmi les fleurs.

"Bravo!" s'écria Lord Geoffrey.

"Hein ?" » demanda le duc en mettant son pince-nez et en regardant son fils à travers eux. Le mot d'applaudissement semblait correspondre exactement à son humeur, mais il n'en comprenait pas l'applicabilité.

"J'ai dit 'Bravo !' bravo à l'archidiacre qui, avec un courage caractéristique, va justifier sa foi en ces essences, les fées.

" Ah oui, bien sûr, bien sûr ! Instruisez-nous s'il vous plaît ; nous sommes attentifs, Monsieur l'Archidiacre. "

Il n'est pas facile d'exprimer une opinion détaillée ou de justifier sa foi à propos d'un aliment bien cuisiné. C'est l'occasion d'avoir de l'esprit et de la brièveté : l'épigramme est née à table. L'archidiacre se sentait désavantagé, d'autant plus que les yeux de la duchesse, tels les orbes d'une douce Méduse, exprimaient leur désapprobation.

"Je ne peux pas prétendre, Votre Grâce, pouvoir, dans les circonstances, justifier ma foi dans les fées", déclara-t-il en coupant pensivement son *poussin* . "Je ne peux qu'affirmer cette foi et prouver sa vérité dans ma vie en agissant selon ses principes et en contribuant à rendre le monde plus beau et plus heureux."

"Ruskin et soda ! Hein ? Quoi ?" murmura Sir Claude en cherchant autour de lui les rires qui ne venaient pas.

L'archidiacre, pour qui la légèreté était plus qu'un péché véniel, se sentit enclin à écraser le baronnet ; mais il a réussi à l'ignorer, ce qui était pire.

"L'imagination est sans aucun doute nécessaire pour réaliser l'existence des fées. Elles ne sont pas tangibles, comme le sont, par exemple, les briques. Mais est-ce une difficulté ? L'imagination est nécessaire avant de pouvoir apprécier l'existence de l'éther et de plusieurs autres essences. - pour utiliser le mot de Lord Geoffrey - dont nous savons bien qu'ils nous concernent et nous affectent, même si nous ne pouvons pas les voir, les sentir, les goûter, les manipuler ou les comprendre d'une autre manière.

"Mais sûrement, Monsieur l'Archidiacre", intervint le duc, sans autre raison que de donner à son invité l'occasion de continuer son repas. " Sûrement vous ne mettriez en aucun cas en commun les résultats de la recherche scientifique, les fruits des recherches des physiciens, avec... les bogies et autres rêves ? "

Un murmure d'accord courut autour de la table. Un hôte ducal est certain d'être soutenu dans toute argumentation qu'il entreprend.

"Je ne vois pas pourquoi, Duke. Ils sont évidemment de nature différente, comme vous les exposez en gros; mais je crois qu'ils sont en réalité plus étroitement liés que nous ne le pensons encore. Le fait est que chaque certitude n'est qu'une goutte dans un océan de l'incertitude, un océan de profondeurs insondables. La science est toujours à la pointe de nouvelles découvertes, qui ne peuvent être comblées que par l'imagination. Sans imagination, Newton n'aurait rien vu de plus qu'une pomme tomber, alors que ce simple fait était aussi courant. comme des gouttes de pluie - lui a apporté la révélation de la loi impérieuse de la gravitation. Sans imagination, Watt n'aurait pas pu construire sa "Rocket" à partir d'une bouilloire et d'une bouffée de vapeur. L'imagination est une nécessité dans tous les domaines "- -Le Dare. » soupira de manière audible – « sauf peut-être dans certains livres modernes. »

"Une bouilloire ! une bouilloire !" se dit la duchesse à *voix basse* , et pourtant très bien entendue. "Qu'est-ce qu'une bouilloire ?"

Un juge qui était assis à côté d'elle s'empressa de l'instruire, tandis que le cours suivant était servi.

"Même la loi de la gravitation", a poursuivi l'archidiacre, après une période de conversation générale, de commentaires mitigés et d'autres défis, "ne peut être absolument prouvée, même si nous l'acceptons tous. Le dogme selon lequel trois fois sept font vingt et un ne peut pas non plus être prouvé. être prouvé, ou l'affirmation selon laquelle une ligne est longue sans largeur, ou, pour prendre un exemple différent, les déclarations des historiens selon lesquelles Guillaume de Normandie a vécu, conquis et est mort. Rien ne peut être prouvé à certaines personnes. est une question de foi. Pourquoi croyons-nous que Guillaume a combattu avec Harold à Senlac ? Parce qu'on nous le dit et que notre imagination apprécie les détails du récit. Nous acceptons la Chronique saxonne comme étant essentiellement une histoire vraie, et la tapisserie de Bayeux de Mathilde comme étant une histoire vraie. représentant des personnes réelles et des scènes réelles. Mais ils ne convaincraient pas un sceptique déterminé, ou un écolier confronté à l'autorité des manuels, s'il était suffisamment original, obstiné, incrédule et dépourvu du don d'imagination. être considérée par certaines personnes comme des histoires frauduleuses, ou des représentations forgées de la vérité, et dans une certaine mesure comme des histoires partielles et préjugées - (Plus de vin, merci) - et qui pourrait les convaincre du contraire ? Ainsi, toutes ces affirmations acceptées – scientifiques, historiques, personnelles – peuvent être refusées par celui qui n'a pas d'imagination. De la même manière, l'existence des fées peut être crue ou incrédule. J'admets que prouver qu'ils existent dépasse mes capacités de démonstration. Je n'ai jamais vu de fée. Si vous me demandiez si c'était la taille d'une aiguille, d'un cheval ou d'une botte de foin, je ne pourrais pas le dire ; et cela n'aurait pas d'importance. Il suffit de dire que, bien qu'invisibles, ils sont beaux et bienfaisants, et que leur influence, qu'elle soit illusoire ou non, tend à l'amélioration de la vie humaine. Je me contente d'affirmer que je crois à ces essences par résultats. Les faits de la fête du lord-maire dépassaient l'entendement ordinaire, pourtant ils se sont réellement produits et ont amené quelques centaines d'hommes d'affaires prosaïques - aussi sérieux et fiables que peut l'être n'importe quel être humain - à prendre la résolution d'être moins égoïstes et plus socialement utiles. ; et effectivement de tenir ces résolutions. Je suis désolé de vous ennuyer avec un si long discours, mais c'était nécessaire tant le sujet est important. Je crois aux fées et j'aimerais que leur gouvernance soit puissante aujourd'hui. »

"Moi aussi", a déclaré Mme Thyme avec enthousiasme. June a immédiatement pardonné ses offenses passées.

"Bravo!" s'écria encore Lord Geoffrey.

"Mais savez-vous - je ne parle pas de vous, monsieur l'archidiacre - savez-vous avec certitude qu'ils les ont gardés ? Est-ce que c'est aussi le fruit de l'imagination ? Hein ? Quoi ? "

Le sceptique était, comme d'habitude, l'ennuyeux baronnet. June le regarda, une petite lueur de colère dans les yeux, et lui donna des tiraillements – la promesse de la goutte.

"Sir Claude, oui ! Aujourd'hui seulement, j'ai reçu la visite d'un juif, un commerçant de la ville, qui, tout au long de sa longue vie commerciale, avait fait transpirer son peuple. Cet homme - je n'ai pas besoin de mentionner son nom - était un invité au banquet du lord-maire. Il est maintenant un employeur modèle; tendre, généreux et scrupuleux. Il attribue entièrement son merveilleux changement à l'influence des fées.

La pause qui suivit ces paroles témoignait de leur effet. June se remit à danser. Elle était aussi heureuse que Punch avec son protégé. L'archidiacre avait trouvé des atouts.

Mais la duchesse n'était pas contente. Son vieil ami, l'archidiacre Pryde, devenait terriblement plébéien. Parler à sa table d'une bouilloire, puis d'un commerçant juif, c'était bien comme dépasser la limite sociale, alors elle donna le signal de l'hôtesse, et les dames se retirèrent ; tandis que June s'envolait vers la fenêtre et gagnait force, inspiration et espoir grâce à la luminosité du ciel et à la jeune lune d'été.

CHAPITRE XIV

CONVERTIR UNE DUCHESSE

La fée trouvait la fumée du cigare abominable ; et comme la conversation des hommes, peut-être à cause du tabac, devenait ennuyeuse (il s'agissait surtout de fusils et de navets), elle s'enfuit de la salle à manger et se dirigea vers le salon à l'étage, pour s'asseoir sur le grand piano et regarder le spectacle. La duchesse et ses amies dégustaient du café et du Chopin, tandis que les plus ardemment oisives d'entre elles bavardaient de rien.

June semblait transportée dans un monde alangui et paresseux, peuplé de descendants désillusionnés des mangeurs de lotus. À l'exception de la duchesse, qui se tenait toujours bien droite, Mme. Pipchin était, à cet égard, son parallèle démocratique : les dames se prélassaient dans les fauteuils luxueux, agitaient lentement des éventails et bavardaient. Pendant cette période de repos, rien de vertébré n'a été dit, à l'exception d'un vœu pieux exprimé par Mme Billie Thyme.

« J'aimerais que ces fées amènent les hommes avec elles !

A cette remarque, trois dames sourirent faiblement. Les autres, à l'exception de la duchesse, qui n'oubliait jamais sa dignité, se prélassaient paresseusement, réfléchissaient d'un air endormi et, quand ils parlaient, d'une voix traînante.

June bâilla. Pour la première et la dernière fois dans l'histoire de Fairydom, elle le fit et se sentit complètement ennuyée.

Ce bâillement la réveilla : cela l'ennuyait. Elle ne supporterait plus cette influence écrasante de la paresse. Elle vola droit vers la duchesse, fit trois tours autour de sa chaise, puis, debout sur la coiffure grise, dérangea sans raison la tiare, la tirant en arrière pour remettre à sa place la couronne. Elle jeta le symbole de la souveraineté avec un bruit sourd.

Sa Grâce d'Armingham cligna des yeux. Quelque chose était arrivé. Quoi? Des pensées étranges commencèrent à bouillonner. Son cerveau était un labyrinthe sens dessus dessous. Elle avait envie de rire à haute voix et de louer les fées. Elle se concentra sur son incroyable irresponsabilité actuelle et essaya de bannir le démon de la discorde qui prévalait. Ce n'était pas bon. Plus elle s'efforçait de façonner ses idées selon leur modèle cristallisé habituel, plus elles résistaient. Elle possédait un désir ardent de faire un jeu de mots. Elle luttait obstinément contre cette horrible inclination. Fronçant les sourcils, ses lèvres formant une fine ligne rouge, elle résista avec détermination à l'influence moqueuse qui la tenait.

June s'installa sur un grand pouf, d'où elle pouvait confortablement regarder la bataille. C'était magnifique et c'était la guerre. Elle résolut d'apporter une expression de légèreté à ce beau visage têtu. Elle a utilisé ses pouvoirs d'esprit et de magie pour maîtriser la majestueuse dame, et n'a en aucun cas eu le meilleur. La couronne était puissante. Il contenait la meilleure magie d'Elfland ; mais contre cet exemple particulier d'orgueil, de froideur et de mépris, cela était encore inefficace. C'était comme faire fondre un glacier avec des allumettes Lucifer.

Cependant l'esprit de la duchesse était en ébullition d'humeurs contradictoires. Elle n'était pas sûre d'elle. Elle voulait exprimer des idées à l'opposé de ses convictions éculées par l'âge. Pour la première fois, elle ne se considérait pas comme la créature la plus importante parmi les étoiles. Par-dessus tout, par-dessus tout, à cette phase du conflit, l'insatiable envie de faire un jeu de mots l'assaille. Horrible! Horrible! La meilleure moitié de son esprit, le partenaire prédominant de sa volonté, s'est exclamée courageusement et silencieusement contre son effroyable. Mais les diablotins semblaient lui faire des farces, lui donnant mille occasions de faire des jeux de mots infâmes. Cette propension l'avait prise comme une névralgie ; il lui fallait toute sa fermeté et ses préjugés inflexibles pour contrecarrer la tendance et empêcher la commission de cette forme la plus basse de jeu verbal. Pendant toute la bataille, Strauss et Chopin fournissaient leurs mélodies ; et June se sentait farouchement impitoyable.

Puis les hommes arrivèrent. Les dames sortirent de leur langueur. Le pont a été mentionné.

Geoffrey, voyant les sourcils froncés et l'énergie sur le visage de sa mère, se demanda qui l'avait offensé. Il regarda brusquement Mme Thyme ; elle n'était évidemment pas la coupable. Il la trouva souriant à Sir Claude et lui faisant une place à ses côtés sur un canapé. Le baronnet avait toujours quelques bavardages amusants et méchants au bout de la langue. Il était l'Autolycus des potins teintés. June, par pure malice d'esprit, toucha le baronnet avec un sort. Ses histoires sont devenues des contes du dimanche. Ils étaient dilatoires et s'amélioraient. Mme Billie lui a franchement dit qu'il s'ennuyait.

C'est le duc qui remarqua que la tiare n'était pas à sa place. Il se dirigea vers sa femme, se demandant comment cela avait pu arriver. Il vit de nouvelles rides autour de ses yeux. Son visage avait une expression de vent d'est.

"Edith," murmura-t-il, "regarde-toi dans le miroir. Ton diadème."

Le regard peiné disparut. Son insensibilité à la mode fondit un instant. Elle leva les mains vers le diadème pour réparer le mal. Un jeu de mots – le seul jeu de mots possible dans ces circonstances – était sur ses lèvres. C'était à la limite de l'expression ; elle au bord de la défaite.

Elle rassembla désespérément ses forces. Elle ne serait pas battue. Mais la magie était puissante. Elle devait le dire, et elle le fit à elle-même. Ses lèvres remuèrent silencieusement. Ce fut le début de la victoire des fées.

Tout à coup, June eut pitié de la *grande dame* qui, dans sa solitude de situation, ne connaissait pas mieux. Déjà, avec sa vive susceptibilité, elle voyait dans cette scène dorée le vrai côté de la tristesse. Paradise Court avait son désespoir, son gaspillage et sa pauvreté ; Armingham House aussi – le désespoir, le gaspillage, la pauvreté, comme étant réels, sinon pires, bien que différents, très différents, de ce que connaissent les plus pauvres.

Rien dans tout Londres ne lui avait semblé plus pitoyable que la stérilité des intérêts et les entraves de la richesse qui affamaient et emprisonnaient les riches non réveillés. Plus elle les voyait, plus elle ressentait pour eux. Leur égoïsme était principalement l'égoïsme de l'ignorance. Ils avaient besoin de savoir ; ils devaient faire. C'était la fonction de la fée de leur donner des opportunités d'acquérir des connaissances et d'accomplir des actions utiles. Accélérer leur utilité atrophiée doit être son travail. Alors Fairyland se serait rapproché de la cheminée.

June a libéré la duchesse et s'est recouronnée. Lassée des mangeurs de lotus et du vide, elle se glissa par la fenêtre ouverte dans le jardin pour recréer ses objectifs parmi les ombres sous les étoiles, mais une partie de son influence persista et fut efficace.

Ce n'était pas tout à fait la même duchesse qui gouvernait ses invités ce soir-là et guidait la fête sur son chemin ennuyeux et désigné. À maintes reprises, le duc, Lord Geoffrey, l'archidiacre, remarqua dans ses touches une gentillesse inhabituelle. Ce n'étaient que des lueurs occasionnelles ; mais ceux qui la connaissaient le mieux ont vu la différence. Le jeu de mots sans conséquence avait déplacé une charge de vanité stratifiée. Par irresponsabilité, la sympathie était venue.

La fée, lorsque ses forces fatiguées reprenaient, car la tension et l'atmosphère de Londres pesaient encore lourdement sur elle, se délectait de ce jardin. Elle chantait en voletant ici et là, aidant ceux qui étaient utiles. Le clair de lune brillait sur ses ailes rapides. Les étoiles devenaient encore plus brillantes à cause de la joie de son empressement. Les fleurs, desséchées et avides d'amour féerique, se tournaient vers elle, écoutant ses chants, invitant les cadeaux de ses mains. Elle allumait leurs lampes blasées et leur donnait du bonheur.

Puis elle s'est sentie triste à cause du gaspillage et du besoin. Où étaient les elfes pour ce jardin ?

Elle regarda vers Fairyland et souhaita de tous ses pouvoirs. Était-ce un rêve éveillé, ou était-elle réellement consciente de voix mimiques, au loin, très loin, dans les clairières du Pays des Elfes, qui lui répondaient – lui promettant de briser l'indifférence du Pays des Fées et de venir ? – ou le souhait de la mère adoptive était-il de la fantaisie ? Avait-elle simplement imaginé la réponse souhaitée ?

Quand, revenant de son propre monde, elle rentra à Armingham House, la fête était terminée. Ses membres les plus vifs s'étaient dirigés vers d'autres escaliers. L' archidiacre, comme il convenait à son bureau, rentra directement chez lui se coucher. Lord Geoffrey, coiffé d'une cape et d'un chapeau, se dirigea tranquillement vers « Liberty Hall », la maison de ville d'un Américain anglicisé, M. Barnett Q. Moss, qui avait quinze millions et qui souffrait de dyspepsie.

Le tout dernier bal d'une saison animée battait là son plein. Geoffrey aimait regarder la ploutocratie jouer et partager sa folie. C'était tonique pour ses nerfs bien élevés. Après trois heures passées en tant que mère parfaite, cela signifiait un changement tonique.

Juin est allé aussi.

Pendant ce temps, Bim s'était blotti dans le nid de l'accélérateur et dormait comme un toupie, quoi qu'il en soit. Il ne bougea pas jusqu'à ce que le matin soit blanc. Puis il se leva, un peu rafraîchi, et descendit de son enclos en courant.

Il trouva Tim et l'écouta parler dans son sommeil. Le vagabond royal dans ses rêves s'adressait aux légions. Bim l'a réveillé. Tim a continué son discours vers les arbres. Il était César et Bonaparte, deux gentilshommes en un. Il semblait, d'après sa description, porter une couronne de laurier autour du cou et un pantalon de pourpre impériale doublé d'hermine. Tous les malheurs dont souffre l'humanité errante ont été instantanément et absolument abolis – dans la mesure où de simples mots pouvaient les abolir – par décret autocratique. Sa Majesté Tim !

Il se leva, s'essuya les pieds sur l'herbe et regarda le parc autour de lui. La fierté d'être propriétaire brillait dans ses yeux. Tout cela lui appartenait. Son visage avait une expression nouvelle contenant quelque chose de noble douceur, un reflet très pâle de la divinité qui protège un roi. Il s'essuya les lèvres avec sa manche et sourit. Il posa délicatement son chapeau cabossé – sa couronne d'or diamantée – sur le devant de sa tête, et se dirigea d'un pas traînant vers Oxford Street pour le petit-déjeuner du clochard qui, grâce à Bim du Pays des Fées, aurait désormais le goût d'un délicieux repas sur un plat doré. Ses tâches futures – de pauvres affaires occasionnelles de paroisse – seraient de nobles services rendus pour aider l'humanité.

Étant un roi incognito, Tim n'a pas fait de publicité pour sa succession. Lui et les fées – elles seules – connaissaient sa royauté. Il y a parmi nous plus de monarques de ce genre que nous ne le pensons.

Bim contemplait la silhouette du clochard qui s'éloignait quand le bonheur lui vint. June jouirait encore des délices de la victoire.

Son appel à Elfdom avait reçu une réponse. En voici un pour vous aider. Du ciel et au-dessus de l'herbe, une fée se précipitait. C'était Auna de la Vallée Violette ; ses ailes violettes flottaient avec lassitude. Il n'y avait aucun bonheur dans son air. L'oppression de Londres était sur elle.

"Gnome!" » demanda-t-elle faiblement, « où est June dans cet horrible monde ?

En disant cela, elle laissa tomber sa silhouette molle sur l'herbe mouillée et attendit un moment, muette de désillusion et de lassitude, frappée par la triste perspective qui s'offrait à elle. Auna n'avait donc pas plus de dignité qu'un papillon brisé. Elle était venue dans le désert, partageant la folie de juin ; et maintenant, connaissant sa tristesse, je me souvenais du bonheur déserté. Elle fut la première recrue de la glorieuse compagnie des désobéissants.

Bim n'eut pas le temps de formuler une réponse à sa question avant que sa joie ne reçoive un autre choc délicieux. Voici en fait une autre fée du Pays des Elfes – Laurel des Hautes Terres Dorées – où le balai est dans sa splendeur et où les ajoncs courageux brillent. Elle aussi s'y était rendue pour obéir à l'appel de June et lui avait apporté des sourires. Il y avait du courage dans ses yeux, mais l'influence de la Métropole sans elfe l'affectait comme elle avait affecté June et Auna. Elle aussi s'est affalée sur l'herbe.

Il y en a eu d'autres. Les yeux et la bouche de Bim s'ouvrirent de plus en plus à mesure que les chiffres augmentaient. C'était une merveilleuse matinée. Une à une, les fées arrivèrent, jusqu'à ce que dix-sept de tous degrés – chevaliers et douces présences – parsèment l'herbe à côté de lui. Il était sidéré. Son esprit, à travers ce festin de joyeuses surprises, était abasourdi et tâtonnait, jusqu'à ce que, avec une longue, longue traction, il se ressaisisse.

Pendant une bonne demi-heure, les fées se reposèrent. Bim ressentait la flatterie d'une bonne compagnie. Il se força à s'asseoir très droit, comme s'il ne faisait qu'un avec eux, comme il méritait de l'être, et garda la baguette bien en avant. Il éprouvait à leur égard un peu ce qu'un débardeur éprouve envers le voyageur du week-end. Il pouvait parler avec une autorité incontestable. Il connaissait Londres ; ceux-ci, ses maîtres, étaient des novices.

Le soleil se leva, enveloppant de lumière chaque brin d'herbe couvert de rosée. Un vieil étourneau et plusieurs moineaux se rassemblèrent autour du cercle de fées, curieux de ces nouveaux venus. Bim, voyant l'émerveillement béant des créatures ternes, les « chassa » ; mais ils revenaient, et revenaient toujours, pour bavarder avec de nombreux gazouillis au sujet de ces immortels mimiques, dont ils avaient appris à ignorer l'existence dans ce monde construit en bidouille. De plus en plus de moineaux arrivèrent, avec quelques oiseaux plus gros – des grives traînées et des merles minables, mais pas de petits oiseaux de beauté. Les moineaux s'en étaient occupés.

C'était le bavardage de ce concours curieux qui tirait les fées de la stupeur. L'un des chevaliers, Felcine aux Ailes d'Argent, s'adressa à Bim.

"Tu es le gnome qui accompagnait June ?"

"Je le suis", répondit-il fièrement. "Je suis son serviteur et son compagnon. Qu'était Londres avant notre arrivée... ah !" Bim a tracé une ligne large avec la baguette, dans un geste expressif.

"Alors dis-nous ce que tu as fait", ordonna Felcine.

Bim, de sa meilleure voix, a raconté son histoire aux auditeurs. C'était, sans aucun doute, un piètre résumé de l'histoire récente, mais cela servit à raviver leur intérêt pour le nouveau départ et à intensifier leur honte d'avoir mis si longtemps à venir. Il parla de Paradise Court et de Sally, du besoin et de la transpiration ; puis des améliorations apportées à cette colonie de très pauvres. Il les a éclairés sur le monde du commerce, le banquet du lord-maire, le magasin des Oldstein ; informé des efforts de l'archidiacre ; de la visite à Armingham House; d'innombrables autres épisodes et expériences, dont beaucoup ont nécessairement été exclus, même de cette chronique et de cette histoire. Il ne dit pas un mot de la venue de la fée à la Cour du Paradis, ni de son retour. Bim – cet homme plein de tact ! – savait comment éviter les choses désagréables.

Le gnome n'était pas un orateur à cette époque de sa carrière ; mais son histoire, pour ces auditeurs, était très intéressante. Cela leur fit prendre conscience – comme les pérorations d'un député ne l'auraient peut-être pas fait – de la nécessité d'un travail féerique, d'une réforme elfique, dans la cité des villes.

Eux non plus n'avaient pas oublié les allées et venues de la fée hôte.

"Et où est June maintenant ?" demanda Auna une fois son histoire terminée.

Bim se tourna pour pointer vaguement vers l'ouest ; et ce faisant, elle aperçut June elle-même sur le bord du chapeau de Geoffrey. Sa Seigneurie rentrait chez elle à pied à travers le parc. Il était fatigué et très pensif. L'influence des fées, l'excitation et les scènes de la fête à Liberty Hall l'avaient fait réfléchir.

Tout à coup, June aperçut Felcine et ses compagnons et poussa un cri de joie.

Bim connut alors le sens du bonheur absolu. Il se transforma en tortue avec un cri et se balança sur sa tête. C'est ainsi qu'il trouva l'expression de ses sentiments.

CHAPITRE XV

SALLE DE LA LIBERTÉ

Alors que Geoffrey Season se rendait d'Armingham House à Liberty Hall, June gardait ses pensées occupées. C'était là une occasion d'auto-examen profitable, qu'elle veillait à ce qu'elle soit bien utilisée.

Geoffrey était habituellement franc avec lui-même et avec les autres. Il ne lui avait jamais été nécessaire de souffrir le moindre degré d'illusion, ni d'imaginer que certains êtres humains étaient des anges, alors qu'ils n'étaient qu'eux-mêmes.

Ainsi, avec June au bord de son chapeau et l'homélie de l'archidiacre fraîche dans sa mémoire, il commença à mesurer les faits établis avec de nouveaux objectifs et découvrit que dans plusieurs directions, les deux ne s'accordaient pas.

En déambulant à travers les rues silencieuses vers sa destination bruyante, il avait l'impression d'être un pionnier débarqué sur un rivage vierge. De nouvelles possibilités – vagues et encore incertaines – se profilaient devant lui. Ces nouvelles possibilités l'attiraient et le repoussaient à la fois. Il ne lui sera pas facile de sortir de la situation confortable dans laquelle les circonstances l'avaient placé.

D'ordinaire, il devait emprunter des places sobres, des oasis de respectabilité aux grilles de fer, abandonnées à cette heure maussade aux chats, aux taxis somnolents et aux agents de police. Maintenant, la splendide morosité et la grisaille des grandes maisons sous lesquelles il marchait l'oppressaient, et l'envie lui venait d'errer par des voies plus détournées, à travers ce réseau de bidonvilles qui touchaient presque les portes arrière des riches.

Jamais auparavant dans sa vie facile et ordonnée, une telle impulsion ne lui était venue. Il s'était -- comme il convenait au fils de sa mère -- instinctivement abstenu de regarder ce qui était désagréable. La misère et le besoin existaient pour être évités ; ils étaient si désespérés et… oh ! si laids ! Inconsciemment, il avait cultivé un œil heureux et aveugle et avait l'habitude de négliger l'évidence. Il n'y avait aucune insensibilité dans son cas, mais simplement de l'ignorance. Il y en a beaucoup comme lui. Il faisait partie d'une multitude éveillée.

Il était enfin prêt à se débarrasser de son orgueil. June stimula vigoureusement ses projets. Son pouvoir latent en faveur d'un véritable service social s'est soudainement réveillé.

En pénétrant dans une zone de méchanceté, qui était jusqu'alors la Terre Interdite, il se trouva immédiatement confronté à de graves problèmes.

Il passa devant un pub, tandis qu'une femme ivre, un bébé dans les bras, était expulsée du portail. Une bouffée d'air chaud l'accompagnait. Le potman qui l'avait mise à la porte – « jetée » est le mot – lui parla dans un écarlate crasseux, puis retourna à son autel humide de Bacchus décadent.

Geoffrey regarda la femme avec curiosité.

Quelle horreur ! Elle était indivine, bestiale, boursouflée ; la victime, une victime avide, à gin. Elle s'arrêta et se tourna maladroitement pour regarder bêtement les fenêtres éclairées ; puis avec colère, d'une voix rauque, il répondit aux compliments du potman. Pendant ce temps, le fragment d'humanité gémissait, blotti dans son châle.

Les menaces de cette Vénus démoralisée se fondirent peu à peu dans un gémissement pitoyable (ah, les malheurs et les torts dont elle souffrait !) tandis qu'elle titubait précipitamment le long de la chaussée, arrivait à la porte de sa demeure et sautait par-dessus la marche. Il y avait là la maison de cet enfant anglais !

June a volé après l'enfant en service, laissant Geoffrey faible et engourdi par l'horreur indignée et l'impuissance. Il y avait effectivement des problèmes !

Il a soudain pris conscience de ses responsabilités. Pourquoi vivait-il ? Un choc de froid glacial le parcourut. Ce fut le début des fardeaux. Il se regarda avec un regard nouveau.

Il était riche, tranquille et destiné à une carrière parlementaire importante. Jusqu'à présent, il avait envisagé une vie de plaisir, tempérée par une variété d'expériences agréables : sociabilité, applaudissements et activités publiques. Il s'était vu sur les estrades, heureusement éloquent ; debout devant un banc ministériel vert, frappant un coffre au trésor, tandis que des hommes de marque écoutaient et applaudissaient.

Cela s'était déroulé comme prévu. Désormais, les choses allaient être différentes. Les réalités l'avaient mis au défi. La mère ivre et l'enfant condamné représentaient des milliers de personnes. Il devait travailler pour eux et pour ceux comme eux.

June le rejoignit. La mère et l'enfant dormaient tous les deux. Une goutte d'élixir de graines de fougère, vieux de mille trois ans, fabriqué à partir de l'ancienne recette de Merlin ; et l'acte fut accompli.

Les fées et les seigneurs passaient par les colonies humaines. Geoffrey, observateur attentif des faits sur ce côté obscur de la vie, était indifférent au danger. Il était imprudent. À maintes reprises, un policier l'avertissait sévèrement et l'accompagnait fréquemment dans les endroits les plus sombres et les moins savoureux. Il rit avec mépris de la nécessité d'être prudent, releva le col de son manteau, couvrit le devant de sa chemise et continua son chemin, se sentant de plus en plus imprudent et en colère à mesure qu'il avançait. Ce fut une révélation ! Il serra les poings et se tordit devant les multiples preuves de l'indifférence et de la négligence passées. Mais la colère s'est dissipée après un certain temps, ou s'est tempérée par la sagesse.

Des enfants, des enfants partout ! Il y avait toujours des enfants. Partout où il errait, aussi tardivement soit-il, au cours de ce pèlerinage vers l'ouest, il les voyait, les innocents, les principaux malades, porteurs des fardeaux les plus lourds. Ils sont nés pour le malheur ; nous en mourions presque toujours. Où était la justice, où était la justification de leur douleur ? Laissons les sociologues à l'aise bavarder ; mais pourquoi ont-ils eu ces heures et ces jours de besoin et de souffrance simplement pour mourir ? Ils n'avaient pas offensé. Ils n'avaient pas enfreint les lois de l'économie, du devoir, de l'amour ; Pourtant, ils doivent endurer le mal et récolter de grandes récoltes des péchés que leurs ancêtres avaient semés. C'était pitoyable, honteux, épouvantable.

Il a vu des petits fatigués à mourir, oubliés, apprenant les iniquités. Le gaspillage infini de la jeune humanité l'horrifiait ! Une partie de la vie de la nation était en train de se dégrader là-bas, et si peu de gens semblaient s'en soucier.

Il arriva brusquement sur la place qui avait à son coin Liberty Hall. Avant de passer aux jouissances qui l'attendent, il doit se calmer et se ressaisir. Il parcourut lentement les trois côtés de la place. Il était encore agité par les révélations que son expérience des bidonvilles lui avait apportées, alors il contourna à nouveau le cercle intérieur de la grille et se força à se mettre dans l'humeur de l'invité.

Il arriva enfin au portail bondé, supplia et se fraya un chemin à travers trois files de spectateurs bondés – pour la plupart des femmes qui avaient oublié l'heure tardive et leur lassitude d'émerveillement et de curiosité devant les costumes des invités. --et a rejoint le cortège des invités sur les marches recouvertes de tapis rouge.

Juin était troublé. Liberty Hall la consterna. Armingham House avait été majestueuse, bien que quelque peu oppressante ; le bruit et l'éclat éclatant de cette assemblée, cette caricature trop peinte de ce qui est splendide, la stupéfiaient. Cela lui rappelait – injustement – les tavernes prospères.

Geoffroy remit son chapeau et sa cape à un valet de pied (la livrée des Mosses était vert mousse et or) et partit pour être reçu. Il était le bienvenu. Les descendants de l'aristocratie possédaient les passe-partout de cette maison, tout comme les trop riches.

La dame de Liberty Hall l'accueillit avec cordialité.

« Très heureux de vous voir, Lord Geoffrey ; entrez !

Elle était grande, mince et osseuse ; cadre *décolleté* . Son visage n'était pas heureux. Elle était lourdement bordée et portait les marques de l'ambition et de la tension. La tête, le cou, les bras et le corsage étaient incrustés de diamants. Trois fortunes brillaient et scintillaient sur elle. Une image de la femme des bidonvilles et de l'enfant négligé traversa l'esprit de Geoffrey. June, pour qui les êtres humains n'étaient que des ombres burlesque de la réalité, commença à avoir peur. Ses ailes tremblaient constamment.

Il y avait une foule grandissante au-delà de cette dame aux bijoux et aux angles – une foule non moins parce que ses membres étaient prospères et richement habillés. Déjà la fée avait un avant-goût de la vulgarité intérieure, elle la craignait et en tremblait de haine.

Geoffrey ne dit rien en souriant et passa à un deuxième accueil enthousiaste – de la part de son hôte, un homme aux yeux agités et à la bouche lourde.

"Barnett Q." - comme l'appelaient ses amis - avait gagné la majeure partie de ses millions avec des biscuits, le solde provenant de la haute finance. Dans sa maison, Barnett Q. était génial et hospitalier ; mais il lui fit un marché, et il devint aussitôt vif, sans scrupules, inexorable, dur.

"C'est un véritable plaisir de vous voir, Lord Geoffrey. Si vous ne vous réjouissez pas, vous ne devez pas en vouloir à ma femme et à moi. Cette maison s'appelle Liberty Hall, et je suppose qu'elle doit être à la hauteur de son surnom. "

La danse avait commencé. C'était déjà comme un tourbillon. Des jeunes gens, chauds et rouges, s'ébattaient comme des fous au rythme d'un deux pas. Geoffrey a été pris dans l'émeute. Une demoiselle qui ricanait et l'appelait Herbert lui saisit la main et commença le galop gai. Il se jeta dans l'esprit de la fête, sans s'arrêter ni réfléchir jusqu'à ce que le groupe avec un final fracassant s'arrête et que son partenaire l'ait précipité vers un buffet de rafraîchissements.

Il y avait des rires perpétuels, des éclats de temps en temps. L'humour n'était pas cher ; la gaieté était facilement suscitée lors de cette fête. Un homme avec un faux nez était un grand favori, et quand il surprenait soudainement une douairière et faisait déplacer sa perruque, des cris de joie retentissaient. Les mots d'ordre des rues étaient populaires et appréciés à Liberty Hall. Le champagne et les cocktails exercent une influence géniale sur tout. Les richesses liquides ne manquaient pas dans cet établissement généreux.

June, pendant que durait la danse, s'enfuit dans la galerie où jouait l'orchestre et s'assit sur les cheveux emmêlés d'un flûtiste, qui s'aplatit aussitôt. Pendant un moment, ses pensées furent lointaines, dans un monde nocturne d'ombres vertes.

"Bonjour, Saison !" s'écria un jeune homme bouffi et élégant, en tapant familièrement sur l'épaule de Geoffrey. "Tu as vu mon nouveau mois hier ? Je m'appelle Harris, tu sais ! Je t'ai rencontré chez Monty Dizzler."

"Non, M. Harris, je crains de ne pas avoir vu la machine."

"Ne m'appelez pas Monsieur, Season ! Il n'y a pas de camp entre messieurs, hé ? Elle est d'une beauté ! Légère, et quant à la puissance et à la vitesse, eh bien, je ne suis pas un orateur ! Je vous ai croisé dans Sloane Street près de Cadogan Square. Vous étaient avec un petit morceau de froufrous particulièrement joli - une fille avec un chapeau partout. Je lui ai donné quatre cent cinquante - je veux dire, l'autre côté de Hounslow l'a envoyée comme des flammes. Les policiers n'ont pas pu me préparer. Ils se sont précipités devant trois d'entre eux – pièges et tout – comme une anguille graissée, avant de pouvoir truquer leurs montres. Ils ont failli renverser un flic. Ha ! est tombé sur le pied d'un garçon . Pas question de jouer dans les rues, ces enfants ! Vous auriez dû l'entendre parler de Wagner, et c'est privé entre vous et moi, vous savez. une poussière, ils n'ont pas pu voir mon numéro. Je... oh, si tu ne veux plus en entendre parler, tu n'as pas besoin de le faire ! Juste parce qu'il est le fils d'un duc, il se donne des airs de duc, de nos jours ? Rats pauvres ! Salut, Gertie ; viens souper. Liberty Hall est un pourri, mais son joueur vaut la peine d'être bu ! Alors je te ramènerai à la maison, petit Gell. Tu dois voir mon nouveau mo.----"

Geoffrey n'a plus dansé. Cette pause lui avait donné l'occasion de se remémorer. Depuis son entrée dans la demeure hospitalière de Mme Moss, il avait quelque peu oublié ses meilleurs objectifs ; mais il avait déjà honte de son enthousiasme récent. Bien qu'il soit parti d'Armingham House avec la ferme intention de profiter autant que possible de Liberty Hall, il estimait qu'il aurait dû mieux se souvenir du contraste des conditions entre cette fête et la misère sordide et la nudité des bidonvilles.

Il se tenait sous la galerie, observant et commençant à s'interroger. Plus d'un de ses compagnons-invités le plaisantait de sa figure grave et de ses airs préoccupés. Il répondit à leur badinage avec une assez bonne répartie.

La danse devint encore plus violente. Certaines dames, aux cheveux blonds et au teint bien teint, favorites de la rampe, ponctuaient les phrases d'une danse de grange avec des coups de pied hauts et hauts.

Barnett Q. riait avec une joyeuse tolérance devant l'étalage de dentelles, faisait un clin d'œil malicieux à certains copains âgés, balbutiait que les choses étaient un peu plus lentes dans sa jeunesse et se mettait à murmurer à tout le monde : « Liberty Hall ! Liberty Hall !

Geoffrey ressentit le début d'une honte colérique – envers lui-même en premier lieu. Tout le bouleversait maintenant. Les fées l'avaient saisi ; mais June, à ce moment-là, ne faisait rien. Elle était loin parmi les ombres joyeuses.

L'excitation était devenue fiévreuse, irréelle ; le rire sonnait faux, une parodie de gaieté. Mais ils riaient quand même, comme s'ils étaient des fées. Geoffrey avait assisté à de telles réunions quatre ou cinq fois auparavant et les avait trouvés extrêmement amusants, avec leurs couleurs, leurs mouvements et leur irresponsabilité. Ils l'avaient renvoyé dans son monde d'ennui rafraîchi, un gentleman supérieur restauré. Mais ce soir-là, il était agité, fatigué du glamour ; sa gaieté était repoussante.

Il l'attribuait aux scènes des bidonvilles et à la vue des enfants fatigués ; bien sûr, ne se doutant pas qu'une fée était perchée mais un peu au-dessus de lui, que son état d'insatisfaction était principalement dû à elle.

Il ne pouvait s'empêcher d'entendre occasionnellement des bribes de conversation de vieux et de jeunes ; il était toujours à voix haute et racontait invariablement une de ces histoires : les plaisirs de l'extravagance, la rondeur de l'oisiveté, l'acquisition intelligente et la dépense ostentatoire des richesses. Les fanfarons étaient nombreux. Salon de la Vanité ! Salon de la Vanité !

June, s'éveillant de ses rêves et voyant son inquiétude, descendit et se trôna sur le revers de soie de son manteau - une fée comme boutonnière est un joli spectacle, quand on peut la voir. Il ressentit un sursaut d'impatience : il fallait qu'il s'en aille. Il erra dans les pièces, à la recherche d'un moyen de s'échapper.

Il a rencontré son hôtesse. La pauvre dame paraissait plus maigre que jamais. Son visage était devenu blanc d'excitation. Ses diamants accentuaient l'horreur.

"Quel est le problème?" » demanda-t-elle, avec la voix traînante qu'elle affectait parfois. "J'espère que vous appréciez ce cottage, mais si votre visage dit la vérité, vos pensées sont plutôt proches des pierres tombales. Maintenant, cela ne suffira pas ! Je pense que je dois trouver une jeune chose douce à vous apporter. de retour sur la Terre Mère, tu as l'air tout simplement trop angélique pour quoi que ce soit.

Geoffrey, se rendant compte de l'impolitesse d'une mauvaise appréciation dans une maison si surabondante d'hospitalité, s'empressa de calmer ses craintes sociales et retourna dans le couloir menant à la salle de danse.

Soudain, il y eut du tumulte à côté de lui. Une fille buvait négligemment des cocktails. Elle glissa et, pour retrouver son équilibre, attrapa le bras d'un homme qui se faisait remarquer en kilt. Lui aussi avait apprécié la marée de champagne, et étant un fier MacCoolicy, le chef de cet acabit, avait tendance à se mettre en colère dans ses coupes.

Il se retint en s'agrippant à une tapisserie, puis, entendant des rires et voyant un homme lui sourire largement, il lui donna vicieusement un coup sur le bras. Il y eut aussitôt la perspective d'une bagarre. Le vernis de bonnes manières de certains invités était généralement extrêmement mince. Geoffrey sauta entre les combattants renfrognés ; ainsi que deux autres hommes. Ils saisirent les bras de MacCoolicy et le placèrent contre le mur. Il se mit à sangloter, tandis que la jeune fille, cause de son accident, rendue par l'excitation à sa vraie nature, amusait la foule en décrivant ses éventuels ancêtres avec leurs queues.

Le MacCoolicky, lui aussi sobre, se tordit sous le ridicule et s'en alla furieusement en marmonnant du gaélique élémentaire.

Barnett Q. arriva en toute hâte, se frayant un chemin à travers la foule comme un inspecteur de police. Ses petits yeux gris brillaient, ses lèvres fines étaient serrées en une ligne très prononcée. Le millionnaire était un homme de flamme et de granit.

« Vous pouvez faire toutes les bêtises que vous voudrez dans cet établissement, leur disait-il en général ; "Mais je suis foutu si j'aurai des fraycars, et c'est la pure vérité !"

"Tout va bien, Barney ; juste un peu de bonne humeur. Les garçons resteront des garçons !" dit un petit vieillard au bord de la foule. Et ainsi les ennuis prirent fin.

Le tumulte eut lieu près de la porte d'une grande salle qui, toute la soirée, avait été un havre de grand intérêt. Geoffrey, se séparant de son hôte, entra dans la pièce.

June s'est envolée, curieuse de voir ce qui se passait aux tables vertes. Elle remarqua les visages qui bordaient les jeux et fut choquée par leurs expressions. L'avidité, la cupidité, l'égoïsme, la faiblesse, l'excitation brutale, le plaisir sordide, la déception mesquine y étaient représentés. Horrible! C'était la salle des cartes. L'endroit était plein à craquer. La roulette, le baccara et le bridge étaient des jeux difficiles. Le jeu n'était pas un spectacle nouveau pour Geoffrey Season, mais jamais auparavant il n'avait vu une canaille aussi cupide, ni des enjeux aussi extravagants et imprudents.

C'était une occasion d'affaires sans scrupules. Vieux et jeunes, hommes et jeunes filles, se pressaient autour des tables, animés par un seul désir : créer. Mammon était leur roi. Il n'y avait aucun raffinement ou plaisir dans cette affaire ; c'était une simple cupidité à très grande échelle. Des yeux fascinés suivaient le déroulement de la balle, le placement de l'argent, le tour et la manipulation des cartes, les balayages et les poussées des croupes des banquiers. L'excitation était tendue. De temps à autre, des murmures précipités, des commentaires excités, de doux rires hystériques, des contradictions et de brèves disputes brisaient le silence général.

Heigho! C'était un spectacle pour les cyniques. Si le diable n'a pas d'humour, il manque beaucoup de plaisir.

Des jeunes filles, à peine en âge de « terminer » leur éducation, touchaient des tas d'or et plaçaient des pièces de monnaie avec calcul, selon un « système ». Ils avaient terminé leurs études à Monte-Carlo. C'est un homme âgé qui a eu la chance, si la chance est vraiment le mot. Il ne souriait ni ne fronçait les sourcils, quelle que soit sa fortune ; mais il paya calmement ses pertes et accepta tout aussi calmement ses gains – son calme, de toute façon, était absolu.

Les valets de pied allaient et venaient, portant des plateaux et des verres, mais n'étaient pas particulièrement bien accueillis.

Un jeune homme aux cheveux ondulés et à la pose – un auteur de ballades oublié, dont la renommée avait vacillé et disparu – se tenait justement à côté de Geoffrey. Ses yeux brillaient de désir monétaire.

"Un spectacle qui vaut la peine d'être péché, Season", dit-il en faisant un clin d'œil aux piles d'or et de papier éparpillées sur le plateau.

Geoffrey hocha la tête en signe d'accord vain. La richesse affichée représentait des milliers de livres. June l'embrassa sur la joue.

"Pourtant, avec toute cette richesse, la famine règne à moins d'un huitième de mile d'ici", dit-il en obéissance à son baiser, à son ordre.

Le poseur se tourna et regarda. Il resta bouche bée de surprise.

"Bon Dieu, Season ! Tu devrais être vicaire."

"Malheureusement, ce n'est que la vérité."

"Peut-être. Pourquoi pas ? De toute façon, ça ne sert à rien d'en parler. Les gens qui meurent de faim ne peuvent s'en prendre qu'à eux-mêmes. N'ont-ils pas les mains au travail ? Montrez-moi un homme pauvre, et vous me désignerez un imbécile. C'est ça. la vérité aussi, si ce n'est pas une épigramme ! N'importe qui qui a de l'esprit peut bien gagner sa vie s'il le veut. Et sinon, eh bien, laissez ceux qui n'en ont pas prendre le dessus ; prêtre de moralité ordinaire, je peux vous le dire. Mais… regardez, Sir Gussie a encore gagné la chance de ce type ! Laissez-moi *venir* ;

Le garçon jaune ne fut pas immédiatement enfilé, car le point culminant était arrivé. Une femme excitée jouant au bridge a lancé une accusation de tricherie. Le chaos est revenu. Hommes et femmes se levèrent pour regarder et se rassemblèrent au centre du problème. Il y eut des paroles d'accusation avide, de déni farouche, de colère brûlante. Une table a été renversée. L'or tintait jusqu'au sol. Deux femmes – les principales concernées – étaient presque au-delà des mots. Il semblait qu'ils étaient tellement agités et leurs regards si féroces alors qu'ils se regardaient, comme s'ils allaient réellement se battre ; mais des conseils plus froids intervinrent d'urgence, et les adversaires furent emmenés, chacun saisissant ses enjeux ou ses gains, chacun faisant toujours des affirmations colériques. Depuis un moment, la vulgarité inhérente à la société avait violemment éclaté ; il avait défié le mince vernis de politesse conventionnelle que la plupart d'entre eux portaient.

Geoffrey se tourna et sortit de la pièce, de la maison.

Une brise froide soufflait sur son front. Les étoiles brillaient.

"Plus jamais!" telle était sa résolution. "Plus jamais, plus jamais !"

À ce moment-là, la pointe en lui s'est finalement effondrée. Il était maintenant humble et brûlant de sincérité.

Il a pris conscience de sa responsabilité personnelle. À l'avenir, il devra être de son devoir, au sein et en dehors du Parlement, de modifier l'horrible inégalité dont il a été témoin ce soir-là. Avoir ce gaspillage, cette oisiveté et cette vulgarité – ce triomphe tranquille de Moloch et Mammon – à côté du besoin extrême et de ses multiples iniquités, était absurde, humiliant, intolérable. Il faut remédier à la situation, si cela est possible. Il consacrerait ses années à l'entreprise.

Mais comment toucher ces fainéants extravagants, ces papillons humains espiègles, les Smart Set ? Ah, comment ?

L'aube avait succédé à la nuit. Sa grisaille diminuait sous la promesse du soleil. Les portes du parc s'ouvraient au moment où il arrivait vers elles. Il y passa pour marcher sur l'herbe, préférant revenir par là à Armingham House pendant que son cerveau s'efforçait et luttait contre de nombreux problèmes.

Un bonheur soudain et inexplicable s'empara de lui. Il éprouva momentanément une légèreté de cœur. Son humeur dépressive a disparu. Il se sentait étonnamment plein d'espoir. Il doit y avoir une belle fin à tous ces dilemmes. Mais pourquoi avait-il tant d'espoir ? Il ne pouvait pas le dire.

La raison était assez simple. June, dans son heure de plus grande tristesse, fut encouragée par la vue des fées ; et sa joie de les voir là l'avait imprégné, l'avait glorifié.

CHAPITRE XVI

PROGRÈS

Fairyland avait commencé à revenir à Londres.

La rencontre de ces elfes avec June était historique : une occasion de joie, et ils se réjouissaient. Avec des chants, des danses et des rires, ils ont exprimé leur bonheur. Ils se sont livrés à une légère émeute pendant un certain temps.

Hyde Park les a immédiatement adoptés. Les oiseaux se sont rassemblés ; les gardiens du parc, se demandant pourquoi, sont venus aussi. Mais aucun n'est aussi aveugle que les gardiens du parc. Les créatures ahuries se grattaient la tête, tiraient sur les moustaches et essayaient de raisonner ; mais bien sûr, ils ne le pouvaient pas, alors ils s'éloignèrent faiblement et oublièrent la merveille.

Les fées, après leur intervalle excusable de sonneries et de rondes, s'envolèrent vers leur quartier général de la Cour du Paradis. Bim, dépourvu de facultés de vol, devait suivre au rythme tranquille d'un cheval de trait, qui traînait avec contentement des tonneaux de bière vers l'est. Il a dormi et rêvé paisiblement dans un sac à nez pendant la majeure partie du trajet.

June décida rapidement comment utiliser ses recrues.

Il y avait les caissons. Leur bravoure écarlate, ponctuant la terne désolation des rues, avait été pour elle comme une sorte d'inspiration, une pause heureuse dans la grande monotonie de Londres. Elle aurait préféré que leur teinte soit moins grossière et pas toujours rouge ; mais peu importe ! Ils portaient de la couleur, c'était une vertu dans un tel environnement.

Elle décida d'utiliser chaque pilier comme centre des activités d'une fée. Sur sa convexité lisse, il faudrait construire une demeure magique autour de laquelle fleuriraient des fleurs féeriques. Aucun homme ne connaîtrait cette merveille ; mais c'était leur faute ; ils devraient utiliser leur esprit et voir. De chacune de ces oasis de lumière et de douceur rayonnerait le pouvoir de la domination elfique, se propageant dans des cercles de plus en plus larges jusqu'à ce que le règne d'Obéron à Londres réexiste. June a eu des visions courageuses alors qu'elle conduisait ses pionniers vers l'est jusqu'au début du triomphe.

Les semaines passèrent.

L'été est devenu étouffant. Le commis à la météo, installé dans une région nuageuse et fraîche, harcelait la vieille Angleterre de vagues de chaleur. Les rues, les cours et les ruelles devinrent presque intolérables. John Bull, avec une cordialité bovine, grommelait, avalait des boissons glacées, haletait et étouffait. Les enfants dont les terrains de jeux étaient les cours et les rues étroites ont enduré du mieux qu'ils ont pu.

Les fées nouvelles venues, durant ces semaines, traversèrent une dure épreuve. C'était une mauvaise affaire, cette corvée ennuyeuse parmi des manières laides et des idéaux morts, quand les oiseaux et les fleurs du pays des fées appelaient. June les observait, craignant qu'eux, dont tant de choses dépendaient, ne faiblissent et ne reviennent aux joies qui les accueilleraient ; mais ils étaient vrais ; ils n'ont pas échoué.

Quel travail ils ont fait ! Le décrire, c'était écrire des volumes ! La nouvelle organisation du Lord Maire – la Garde du Corps de Titania – prenait rapidement forme, testait ses rouages et se préparait à bourdonner. Les fées l'ont aidé avec des baguettes et de la volonté.

Il y avait partout un besoin infini de travail autonome, c'est pourquoi les effets de cette petite entreprise semblaient, en comparaison, limités. C'était pourtant grand et réel ; si grande, si réelle et si gracieuse que les maires, les échevins et les conseillers, chargés du bien-être des quartiers bénis, trouvèrent la tête enflée. Ils pensaient que cet état d'amélioration était dû à eux, les imbéciles ! June, pour de bonnes raisons, était contente de pouvoir profiter de tout ce qu'elle pouvait du crédit. Elle n'était rien sinon politique.

Les fées, donnant la tête aux gardes du corps, qui se mirent au travail avec le zèle d'une jeunesse idéaliste, s'opposèrent aux maisons insalubres. Jerry le constructeur a commencé à se sentir mal à l'aise et à bien le servir !

Toits qui fuient, murs qui s'effondrent, boiseries déformées et autres résultats du travail de Jerry, les fées ont touché avec des baguettes destructrices et ont accéléré la décomposition. L'ingénieur en escroquerie a été hissé avec son propre pétard. Les maisons mal construites, bonnes au mieux pendant quelques années inconfortables, devinrent à la fois si scandaleusement mauvaises et évidemment si dangereuses que Studge, Snodge, Hopkins et le reste des frères en robe du conseil d'arrondissement furent contraints de quitter la ville. un moment pour oublier les perspectives de cueillette et de meulage intéressé des haches, afin de s'assurer que les structures offensives de Jerry soient démolies pour être reconstruites rapidement avec des briques et du mortier de conscience et d'ouvrier.

" Si ces ombres doivent avoir des coquilles, " dit June, " qu'elles soient de dignes et jolies coquilles ! "

C'est dans cet esprit que les fées abordaient les contrats et les quantités. Ils portèrent leur influence à l'étranger.

Jerry a vécu la période grise de sa vie. Sa poche souffrait si visiblement que sa conscience devint piquée et tendre. Il restait éveillé la nuit à réfléchir à des devises de cahier. Il était hanté par de gentils fantômes. Il se tortilla, se débattit – abandonna, arrivant à contrecœur à la conclusion que l'honnêteté était, après tout, la meilleure politique. Il a agi en conséquence. Hopkins, Snodge et Studge, devenus passionnés par la justice civique, le surveillèrent et se rendirent compte par eux-mêmes des compensations bénies d'un service public désintéressé.

Les fées faisaient la guerre à la laideur. Ils se sont opposés à la hideur sous tous ses aspects. Tout ce qui était mauvais et déprimant dans les bâtiments publics et privés se dégrada rapidement. Les hommes pratiques étaient perplexes. Ils ont tenté de résoudre le mystère de manière empirique, comme d'habitude, et ont toujours commis des erreurs. Durant ces mois d'été et d'automne, les entrepreneurs se grattaient la tête plus que depuis la construction de Babel.

Des hommes dont toute la vie était une expérience dans le domaine des poutrelles et du béton, dont le domaine de discussion favori était les estimations et les spécifications, étaient complètement perplexes face aux circonstances apparemment déraisonnables qui ont soudainement assailli leur métier. Ils se posaient des questions désespérées et répandaient la confusion. Pourquoi la pourriture a-t-elle été si vite révélée ? Pourquoi cette corniche qui leur plaisait, même si sa laideur ornée aurait rendu Ruskin furieux, a-t-elle commencé à s'effondrer en dalles ? Ils ne pouvaient pas répondre ; mais c'était!

Un paradoxe se cachait à chaque porte. Ce qui était curieux, c'est que ce qui était simple et beau durait plus longtemps que d'habitude, tandis que ce qui était mal décoré, laid et terne tombait rapidement en morceaux.

La politique des fées fut fructueuse. Les rues méchantes ont progressivement cessé de mériter leur qualificatif. Les bidonvilles ont disparu et se sont transformés avec une rapidité étonnante. Avec des pièces plus claires et des maisons plus jolies, le rire est venu ! Jerry se faisait appeler Joseph, portait des gilets fantaisie et se sentait patriote. Le commerce des artistes est en plein essor.

La transformation extraordinaire qui s'est produite magnifiquement était, en vérité, un mystère constant et complet pour les hommes pratiques et aveugles, ceux qui mesurent les faits avec des règles à pied et regardent la vie à travers des théodolites. Ils ne parvenaient pas à comprendre la véritable raison pour laquelle ils devaient construire mieux. Mais les fées le savaient ; ahah ! les fées le savaient.

L'entreprise de June s'est mise à éclaircir ce qu'elle avait approuvé avec de la peinture invisible et a donné des crampes et des spasmes aux gens aux idéaux volontairement bas. Ils se sont bien amusés. Bim était infatigable dans ses efforts.

Ce n'est pas seulement dans le monde de la construction que les fées ont si bien réussi. Si actifs qu'ils furent dans l'organisation de la démolition et de la reconstruction de certains quartiers de Londres, ils s'occupèrent également de l'humanité de bien d'autres manières.

Voici quelques exemples de leurs multiples activités tirés des Blue-books sur le sujet.

Les workhouses furent rendus plus dignes, moins effrayants, plus accueillants ; ils devinrent des retraites honorables pour les vieillards et les malheureux. Les maîtres d'atelier portaient des chemises colorées, encourageaient les vieillards à jouer à des jeux de cricket séniles et appelaient chaque vieille femme « Madame ». ...

Les enseignants des écoles avaient la faculté la plus heureuse d'ignorer périodiquement l'horaire et de raconter aux enfants des contes de fées inattendus aux heures officiellement consacrées aux sommes. Les enfants venaient à l'école avec empressement, charmés par cette délicieuse incertitude ; puis, dans leurs maisons, ils racontaient ces histoires aux frères, sœurs et parents. Les chants et les jeux de l'école devinrent des plus joyeux ; les lutins aidaient les enfants à chanter et à jouer....

Les orateurs du coin de la rue sont devenus merveilleusement doux les uns envers les autres. L'ancienne non-charité a disparu. Les orateurs de la tempérance essayèrent les effets de la gentillesse et commencèrent à progresser contre l'ennemi. Des opposants politiques éculés s'invitaient les uns les autres à partager le dessus d'une baignoire commune ; et là, tout en différant, ils se louaient mutuellement pour leur tolérance et leur sincérité.

La porte d'entrée de l'utopie s'ouvrait.

Lors d'une élection partielle, les hommes politiques se sont montrés scrupuleux ; les solliciteurs s'en tenaient à la vérité, ne prenaient pas d'avantages injustes, laissaient froidement les personnalités tranquilles. Les Buffs, toujours bien approvisionnés, prêtaient à leurs ennemis, les Bleus, toutes les voitures et automobiles dont ils pouvaient disposer. Les partisans des deux côtés allèrent présider le candidat rival et, de la manière la plus amicale possible, souhaitèrent qu'il perde...

Les causes auxquelles vous, ô lecteur, vous opposez, ont fait long feu.

Les toits des maisons de ville étaient recouverts de plantes vertes et transformés en jardins, permettant aux employés de mieux faire leur travail car le travail était ponctué de visites reposantes aux fleurs....

Le savon a été vigoureusement utilisé. La propreté est devenue un credo et une passion. Les visages, les sols et les seuils du matin brillaient. (Cinq fortunes ne m'inciteraient pas à divulguer le nom du feuilleton préféré.)

Tous les oiseaux britanniques en cage ont été emmenés dans le pays et relâchés. Les gourmets ont lancé une ligue pour interdire la consommation d'alouettes. Les forêts résonnaient donc de chants plus joyeux, et le Pays des Fées avançait avec des bottes de sept lieues...

Les mangeurs de haricots consacraient leurs soirées à la pratique des glees, faisant revivre les chansons folkloriques, afin que les routes de campagne ne soient plus rendues misérables par les accents grossiers des chœurs de music-hall. De délicieux concerts ont été organisés pour les Londoniens au milieu des champs verdoyants. L'Angleterre a recommencé à s'amuser en chantant...

La vulgarité a perdu sa saveur. L'impolitesse était froide. On ne riait pas des blagues qui n'étaient pas gentilles. Ils tombèrent à plat comme des pierres tombales gisantes. L'humour, le véritable article, a revivé. C'était agréable d'entendre le persiflage des employés de bureau, qui commençait à être original. Les chauffeurs d'omnibus et les chauffeurs de taxi étaient parfois très drôles. Quant aux juges, ils plaisantaient toujours aux bons endroits....

Les elfes et les gardes du corps se tournèrent vers les panneaux publicitaires, qui devinrent plus agréables et plus efficaces à mesure que le charme artistique des publicités augmentait. Les couleurs ont été choisies et se marient harmonieusement. Les passants n'avaient plus mal aux dents ni aux spasmes cardiaques à cause d'une horreur militante. Ces lumières scintillantes pestilentielles, qui réitèrent un nom commercial la nuit, ont été démolies par des foules justes et enragées, martelées et noyées.

Qu'ont fait d'autre les fées, je n'ai pas besoin de le détailler ici, car le lecteur qui est venu sur cette page s'est montré parfaitement capable d'ajouter à la série de leurs bons effets. Tout cela était tout simplement splendide.

Londres se remit sûrement et rapidement ; et à mesure que son apparence et ses manières progressaient vers la perfection, de plus en plus de fées, encouragées par la luminosité, vinrent ; d'autres piliers furent installés ; le cercle d'influence était encore plus étendu ; la marche vers l'amélioration s'est poursuivie.

Quand une centaine de fées furent arrivées et que quarante-trois gnomes les avaient suivies, ce qui n'était qu'en octobre, le mois de l'année, était arrivé, June décida d'organiser une garden-party sur les toits de la Cour du Paradis.

Bim fut nommé majordome, seigneur majordome et factotum général, soit environ quinze fonctionnaires en un. Il était visiblement enflé de fierté. Son énergie pour faire les préparatifs était si intense – il réussissait si bien à se trouver à deux endroits à la fois – que bon nombre de ses camarades gnomes le pensaient doté d'ailes invisibles. Sa dignité et son importance étaient incontestables. Il arborait la supériorité, acquise en étant le premier gnome à braver les rigueurs de Londres, si ouvertement que ses frères de la démocratie en devinrent plus qu'un tout petit peu envieux. Peut-être que la tête de Bim était devenue très légèrement enflée.

Pendant ce temps, June se demandait ce que faisait Obéron.

Cette nuit d'octobre fut une occasion dont se souviendront les fées et les hommes, même si l'homme resta aveugle à ses actes, bien qu'il profite de ses effets. La lune, qui, depuis l'affaire de la Vallée Violette, avait déguisé son intérêt pour la rébellion de juin, brillait ouvertement et regardait de toutes ses mers. Cette nuit londonienne était vivante d'une beauté éclatante, chaque angle et chaque cheminée de ces hideuses maisons en décomposition étant avantageusement éclairés par ses poutres.

Le monde des toits n'était plus un désert noir et gris. Les baguettes elfiques, les travaux des gnomes et de nombreuses ingéniosités l'avaient recouvert de minuscules lumières et de fleurs féeriques, ce qui en faisait un morceau du monde des rêves.

June, hôtesse et héroïne, portait sa couronne brillante. Il y avait des chants, des danses et beaucoup de joie. Les gnomes, assis en rangées sur les rebords des cheminées et le long des meules, chantaient et applaudissaient. Une seule chanson bien connue de l'anthologie d'Elfdom n'a pas été entendue pendant cette nuit de fête : le chant de triomphe, le chant réservé au couronnement du 1er mai.

L'humanité était encore aveugle à ces célébrations. Il semblait vraiment que les hommes essayaient de voir avec leur nez. Des choses si merveilleuses se produisaient juste sous leurs yeux, qu'ils ne pouvaient pas voir et qu'ils ne pouvaient imaginer dans leur aveuglement. C'est une affaire déchirante que l'aveuglement aveugle des hommes.

Plus tard, bien sûr, ils eurent mieux que des lueurs, mais ce que nous avons dit suffit pour ce chapitre.

Une vieille femme, et une vieille femme seule, eurent un aperçu de cette fête. Elle était irlandaise.

Bridget Malone avait souvent, dans sa jeunesse, vu des fées autour d'un foyer vide dans le Connaught ; mais lorsqu'elle arriva à Londres, quarante ans auparavant, elle avait oublié cette précieuse faculté et perdu le pouvoir de voir l'invisible. Cette vue d'elfes triomphants rétablit le don.

Bridget s'est réveillée. Son lit était sur le sol, mais ses os étaient habitués à la dureté, de sorte que ni le manque de chaleur ni aucun problème sybarite ne la faisaient se réveiller.

Elle vit une étrange lumière se refléter sur le mur en lambeaux en face de la fenêtre. Elle adressa une prière à Marie et chercha le surnaturel, car ce n'était pas les rayons de la lune ou le soleil, mais quelque chose à la fois mélangé et idéalisé ; quelque chose de lumière qui n'a jamais existé sur mer ou sur terre.

Bridget, dans sa sagesse à moitié endormie, devina que c'était le petit peuple. Ses pensées retournèrent en un éclair aux jours de son enfance. Elle remercia pensivement ses étoiles et se sentit religieuse.

Elle avait en tête de réveiller sa fille et ses trois petits-enfants, qui dormaient tous dans la même chambre, pour qu'ils puissent partager sa chance, mais elle s'en abstint. Si c'étaient les fées, elles ne seraient peut-être pas contentes. Elle se souvenait du secret jaloux réputé des petits gens du vieux pays, qui ne supportaient pas que leurs réunions soient négligées. Tellement irlandais !

Bridget a donc assisté seule à ces réjouissances. Elle s'agenouilla jusqu'à la fenêtre et regarda, posant son menton sur le rebord. C'était si beau qu'elle ne savait pas qu'elle avait des crampes et oubliait complètement les rhumatismes dont elle faisait souffrir sa famille depuis cinq ans. Elle était perdue dans un ravissement.

"C'était un spectacle à faire briller les yeux des vieux", a-t-elle raconté par la suite. "Sur le sommet de cette cheminée se trouvait un petit bonhomme rond qui ressemblait à une boulette gonflée, mais aussi débarrassé que des baies de houx. C'était un petit gentleman très important. Il ressemblait au décor. le soleil était plein de scintillements ; et la façon dont il descendait et bénissait les autres, des chiens comme lui, comme s'il était le coq de la danse, était une merveille. Et là, sur un trône, fait de bois ! toutes sortes de fougères et de fleurs, était une reine des fées. Elle avait une couronne sur la tête qui permettrait d'acheter la rançon de l'Irlande ; elle scintillait et brillait, comme le soleil, la lune et les étoiles tous ensemble, en jetant un coup d'œil. sur un lac à Connaught. Son visage était une image de gentillesse. Ses yeux et sa bouche souriaient comme ceux de Blessin. Je lui aurais fait un gâteau pour la chance si j'avais su comment le lui apporter, et je l'ai fait. Je ne voulais pas les effrayer, les chéris, qui s'amusaient et s'ébattaient si joliment. Alors j'ai mis le jupon de ma fille autour de moi et j'ai continué à regarder. Il y avait des centaines et des centaines de fées. 'ing; et je me suis agité et j'étais si beau - c'était une image ! Avez-vous déjà entendu des rossignols dans un bois irlandais ? Avez-vous déjà vu des rayons de lune sur une rivière irlandaise ? Non! Chère, que puis-je te dire ? Eh bien, vous avez vu l'amour d'une mère sur le visage d'une femme, vous aurez donc une idée fantôme de la musique et de la poésie, et de la ma'nifishence de cette danse. La lumière qui venait des petits gens – tout venait d'eux, avec un peu de clair de lune à l'intérieur – était aussi brillante que le feu sur Tara... Et vous n'y croyez pas ? ... Ah, vous faites une erreur, jeune gentleman ! Si ce n'étaient pas des fées que j'ai vues, et si je ne les voyais pas, il n'y a aucun espoir pour vous ni pour moi non plus, car aussi vrai que Cuchulain a tué son fils, elles étaient là, aussi vrai qu'elles étaient là. Je l'ai vu avec ces vieux yeux... Vous les voyez ? Bien sûr que je l'ai fait! C'était simple comme la laideur, seulement c'était beau comme la lumière pouvait le rendre. Ils ont continué, ils ont continué, je vous le dis, jusqu'à ce que le soleil se lève, et la première fois que j'ai vu d'eux, c'était la fée avec la couronne qui brillait et brillait !

Voilà pour le témoignage de Bridget Malone. Curieusement – bien que les journaux, grâce principalement au vénérable archidiacre Pryde et à Sir Titus Dods, alors dans le dernier mois de son mandat de maire, aient rendu Obéron populaire, et que c'était un beau lieu commun d'avoir foi dans les fées – personne a traité l'histoire de Bridget avec le respect approprié ou même avec le simple bon sens. Paradise Court – son propre pays – était remplie de mécréants, et – n'est-ce pas toujours le cas ?

Mais indirectement, son histoire a eu un effet bénéfique. Cela a incité d'autres à raconter et à inventer des contes de fées, diffusant ainsi une belle mode. Alors June, voyant ce résultat, a pardonné son incrédulité. L'imagination des gens était en éveil.

Oui, Bridget avait dit la vérité. La fée avec la couronne était "shmilin' et shmilin'". Le dernier moment de la fête apporta à Juin son couronnement de bonheur, une grande cause de joie inattendue.

Comme Bridget nous l'a dit, la lumière du jour était au rendez-vous et le soleil s'était levé avant la fin de la danse des fées.

Un nuage blanc – ou peut-être était-ce une bouffée de fumée blanche s'échappant d'une cheminée d'atelier en train de s'éveiller – se dirigea vers le jardin sur le toit. June l'observa, se demandant ; cela semblait chargé de mystère.

En passant au-dessus de sa tête, elle réalisa son poids. La magie de la couronne lui donnait le pouvoir de percer son secret.

Caché dans le petit nuage blanc, Obéron volait. Il était venu déguisé pour espionner le pays ; avait vu, était passé sur son chemin.

Les festivités furent donc un bel arrêt.

Quelques notes d'interrogatoire furent ajoutées en juin : « Obéron viendrait-il reprendre son règne ? Où pourrait être Titania ? Le Pays des Fées était-il enfin en route ?

Pas encore. Pas encore!

CHAPITRE XVII

L'Aristocratie bouge

Dès que la campagne des loges fut bien commencée et que les fées progressèrent rapidement, June s'attaqua au siège et à l'apprivoisement de Sa Grâce d'Armingham. C'était une forteresse difficile à réduire ! Pendant des semaines, la fée resta perplexe.

La duchesse, comme nous le savons, possédait de nombreuses grandes qualités qui n'ont pas besoin d'être décrites ici. Son principal défaut, qui compte, était une sublime indifférence à l'égard de certaines choses sublunaires les plus importantes. Elle n'avait à cette époque ni sympathie, ni imagination, ni don d'illusion géniale ; il n'y avait rien à quoi la fée pouvait s'attacher. C'était un peu comme essayer de faire pousser des orchidées dans le vide.

June n'a pas répété son expérience farfelue du soir de la fête. De temps en temps, la duchesse pensait spontanément à un jeu de mots – l'habitude avait commencé à faire pâlir la hideur sinistre de la chose – et en arrivait à se considérer comme possédant un certain sens de l'humour – dans ce cas, un signe d'espoir. June a été miséricordieuse et pas imprudente. Jamais plus la duchesse ne fut poussée par un esprit invisible de malice au bord d'une violation du décorum.

La fée prenait soin, avec tact, de ne rien faire qui puisse diminuer le respect d'elle-même de sa Grâce. Le prix doit être remporté avec tous les drapeaux flottants. Une victime discréditée ne signifierait aucune victoire digne, et peut-être même permanente. Il fallait donc faire preuve du meilleur ordre diplomatique. June a tissé ses sorts et a utilisé la magie. Ces influences ont eu un certain effet dès le début ; mais ce devait être une conversion très léthargique. Pendant un certain temps, la duchesse ne donna aucun signe de soumission.

Le duc était plus malléable. June a trouvé facile de l'influencer. Il devint un véritable champion de la féerie à table ; et, quand les hommes étaient laissés à leurs cigares, ils portaient quotidiennement un toast à Titania, à la bonne vieille manière, avec une citation pertinente des classiques.

Son enthousiasme et ses efforts ne s'arrêtent pas là non plus. Deux fois avant la fin de la session, il se rendit en voiture à la Chambre des Lords pour proposer une résolution qui conduirait l'Angleterre vers le haut ; mais hélas! dans les deux cas, la chaleur de la Chambre Dorée et l'influence des explications ministérielles l'endormirent. Il se réveillait à chaque fois pour trouver le Woolsack inoccupé ; la Chambre s'ajourne; l'opportunité a disparu.

Les fées prenaient la volonté pour l'acte ; et, après tout, à cette époque encore non régénérée, cela revenait à peu près au même.

C'était Geoffrey dont Elfland espérait le plus. Il était jeune, capable d'enthousiasme et était déjà, quoique vaguement, du côté des fées.

Il s'était complètement éveillé aux faits et avait commencé à prendre la vie très au sérieux. Il a résolu ses problèmes avec un testament. Il s'immerge dans l'économie politique et l'étude des problèmes sociaux et s'assied aux pieds des professeurs. Il a parcouru des kilomètres à travers des rues méchantes, étudiant les conditions et les gens. Il a marché le long des routes de campagne et a remarqué les champs vides et déserts, les ruisseaux obstrués par les mauvaises herbes et une infinité d'autres opportunités perdues pour le bien-être national.

Bim l'accompagnait fréquemment. Pour son propre repos et son confort, le gnome a doté le chapeau Homburg de Geoffrey d'un hamac de fée et d'un pyjama arachnéen. Sa Seigneurie est devenue une chambre ambulante, divertissant pendant des heures, juste au-dessus de son cerveau, un cousin éloigné de Puck.

Geoffrey était devenu désireux de faire quelque chose, de créer quelque chose, de rendre la vie plus riche pour avoir vécu. Il pensait à de nombreux métiers possibles, principalement mécaniques ; il sentait qu'il devait, dans sa situation, faire quelque chose de tout à fait contraire à sa règle, quelque chose de sale et de désagréable. Cela s'est terminé – après quelques efforts inutiles – par le fait qu'il est resté satisfait de préparer le Parlement. Il continua donc à s'imprégner d'ouvrages immortels sur les sciences de la richesse et du gouvernement, et s'entraîna à écrire des brochures concises et à prononcer des discours, s'adressant à « Monsieur le Président » et à de puissantes démonstrations dans la solitude de sa chambre.

En novembre, le siège auquel il était destiné est devenu vacant. Le bref d'élection n'a pu être émis qu'après la réunion du Parlement en février; en attendant, il doit attendre et courtiser les suffrages de ses futurs électeurs.

Il se rendait au château d'Armingham, faisait du démarchage et prenait le thé avec plusieurs personnes, embrassait des bébés, ouvrait des bazars, délivrait une série d'adresses d'une agréable couleur chamois. Les fées n'étaient pas alors avec lui ; ils ont laissé cette campagne particulière tranquille. Les bourgeois qu'il devait représenter l'aimaient assez bien. Ils le considéraient comme un jeune homme gentil, beau et sérieux, dont les discours auraient pu contenir plus de personnalités et moins de chiffres, mais qui était en sécurité et ses chèques généreux. Il ferait l'affaire, c'était le fardeau de l'opinion générale.

Les fées savaient bien qu'il le ferait quand on le voudrait.

La vie continua son cours, jusqu'à ce que les signes de l'approche de Noël commencent à apparaître. June vit, dans la fenêtre du pub près de Paradise Court, un affiche annonçant la paix, la bonne volonté et un club d'oie. Cela l'a fait réfléchir. Elle mit sa couronne et réfléchit.

Elle envoya un trompettiste et convoqua une conférence des fées. Chaque elfe venait de sa caserne pour s'asseoir sur son toit et consulter.

Trois autres recrues du Pays des Fées apparurent à l'assemblée. Les étoiles entendirent sonner leur bienvenue.

Un plan de campagne a été arrêté. Les elfes devinrent encore plus occupés. Ils ont passé plus de temps perchés sur des têtes humaines, stimulant de bonnes pensées pendant ces semaines de l'Avent, que jamais auparavant. Les hommes et les femmes ont commencé à penser à Noël comme Dickens, mais sans le cognac chaud.

La grande occasion approchait. Le commis à la météo s'est mis en tête d'envoyer quelque chose de saison. Il faisait froid et vivifiant ; les toits, les murs et les routes, aussi longtemps que la circulation le permettait, étaient élégamment recouverts de neige. D'ordinaire, ce coup de froid aurait suscité un gémissement et une grogne ; mais pas cette année – grâce à June and Company. Le climat saisonnier était considéré comme une excuse supplémentaire pour la gentillesse humaine. Le cri n'a pas été entendu parce que le besoin, sa cause, a été supprimé. Quant à râler, il y avait tellement de bonhomie dans le monde amélioré que se plaindre était impossible, sauf pour les vieux soldats qui en avaient pris l'habitude.

Il ne devait pas y avoir de faim en Angleterre pendant cette période de Noël ; et pour les pauvres qui marchent, seuls les véritables marcheurs de la brigade aux jambes de bois devaient se passer d'une paire de bottes confortables et solides.

De tels faits prouvent mieux que de simples paroles avec quelle réalité les desseins et les idéaux des fées avaient été acceptés. Et – ceci pour satisfaire les économistes rigides et les puissants individualistes – tout cela s'est fait par souscriptions volontaires. Là!

Les maisons et les rues étaient décorées comme il se doit. Il y avait des arcades de drapeaux ; mais les fleurs en papier étaient à juste titre taboues. Aucune fée ne pourrait tolérer ce genre de bêtises. Les lampadaires étaient couronnés de houx ; des bouquets de gui pendaient aux coins des rues. Les baisers sont redevenus populaires. Les vieilles filles, dont le cœur était affamé depuis des années et des années, devenaient aimables et surveillaient les policiers barbus.

Chaque fenêtre et chaque rebord de fenêtre étaient ornés de lauriers et de mousse. Des lanternes chinoises étaient accrochées au-dessus des portes et sous les porches. Des lampes allumées aux abat-jour colorés brillaient à travers les fenêtres sans rideaux, de sorte que lorsque la nuit tombait, chaque rue et chaque chaussée devenait une avenue éclairée. Les voisins d'à côté, qui depuis des années s'efforçaient visiblement de rester indifférents les uns aux autres, échangeaient des salutations de bonne humeur et admiraient mutuellement leurs décorations.

June, qui avait ressenti une certaine crainte pour la fierté des petits Londoniens, voyant ce triomphe de la gentillesse, cette preuve de la diminution de la vanité à deux sous, chanta des chansons de joie et encouragea ses camarades. Ils ont suivi son exemple avec whoo-whooping ! Quelle époque !

Alors les journaux et les chaires commencèrent à parler. Un grand projet a été élaboré et mis en place. Il doit y en avoir dans chaque district – les panjandrums de la presse ont déclaré, à l'unanimité provoquée par les elfes, un souper de Noël, selon le bon vieux style joyeux. Des fonds ont été lancés pour éviter tout appel aux taux. Cadeaux de produits comestibles, de boissons et de pièces de monnaie actuelles.

Maires et conseillers, ouvriers dans les églises, chapelles, conventicules de toutes sortes et d'aucune sorte ; les femmes politiques et les femmes au foyer laborieuses ; fils de ducs, fils de cuisiniers, fils de comtes ceinturés avec leurs sœurs et leurs cousins et leurs tantes ; ma Lady Bountiful et ma dame qui nettoie, ceux-ci avec tout le monde se sont réunis dans un esprit de splendide camaraderie pour réfléchir aux voies et moyens d'établir les fêtes de Noël.

Les mairies, les salles de village et autres lieux appropriés dans toutes les régions de l'Angleterre, de l'Écosse, de l'Irlande et du Pays de Galles furent préparés pour la grande célébration. Des montagnes de nourriture et des rivières de liquides délicieux ont été préparées. Des chefs, professionnels, amateurs et très amateurs, se sont mis au travail avec volonté. Les localités se vantaient de leurs volailles et de leurs puddings. Des petits garçons se promenaient avec des yeux brillants ; les petites filles, racontant leurs soirées de contes de fées, prenaient l'habitude de terminer leur « bonheur pour toujours » avec l'assurance qu'il ne se passait pas une année sans que le prince et la princesse mariés ne dînent de Noël avec leur peuple.

C'était un bonheur d'être en vie. Les Scrooges furent convertis mille fois en gros. Les fées travaillaient toutes pendant vingt-quatre heures entières ; et d'une manière ou d'une autre, ils ont réussi à gagner vingt minutes supplémentaires dans cette période de temps ordonnée. Comment cela a été fait, eux seuls le savent. Vraiment, elles sont merveilleuses, ces fées !

Néanmoins, malgré cet accord général de sentiments et cet élan de bonne volonté sans précédent, quelques personnages exaltés et leurs imitateurs avaient réussi à s'en tenir à l'écart. Ils n'étaient que quelques-uns ici et là, mais le fait de leur opposition silencieuse était douloureux. Il y avait des taches sur la gaieté.

Le duc d'Armingham n'en faisait pas partie. Sa Grâce, pendant cette période de préparation, semblait retrouver sa jeunesse. Son énergie était merveilleuse. Il est devenu adepte de l'art de marteler des punaises et a probablement formulé plus de devises de bonne volonté que n'importe qui d'autre de son époque. C'est lui qui a conçu le projet de recouvrir les murs morts de dessins animés rouges et verts, représentant des hommes et des femmes éminents de tous les partis, sectes et classes unis dans la bonne volonté de Noël.

Ses affiches ajoutaient considérablement à l'éclat et à l'humour des rues. Mais le duc est allé un peu trop loin ; cependant, selon l'expression pepysienne, cela faisait du bien au cœur de le voir se précipiter au coin de la rue, après avoir collé une photo sur la porte d'entrée d'un militant suffragiste de premier plan.

Il rentrait à la maison après minuit, aussi tremblant et les yeux écarquillés que le Brer Rabbit triomphant ; ses mains et ses vêtements étaient couverts de factures autocollantes. Aucun mauvais garçon espiègle n'aurait pu être plus coupable que lui ; et la façon dont il a mis son pince-nez pour le montrer effrontément devant la duchesse aurait été une image pour Keene.

Certes, le duc ne faisait pas partie des élus disgracieux ; mais, hélas, sa duchesse l'était tout aussi assurément ! Mme Barnett Q. Moss et son cercle scintillant de scories humaines sont également restés nettement à l'écart de la joie générale et de la bonne camaraderie.

June décida de concentrer ses attentions sur la duchesse.

C'était la semaine avant Noël. La fée se lissait soigneusement, car celui qui voudrait vaincre devait porter de beaux vêtements. Bim a placé la couronne sur sa tête, puis a grimpé jusqu'à la cheminée au-dessus de Paradise Court pour la regarder, comme un éclair de lumière florale, voyager vers la défaite de cet adversaire.

Alors que June volait, elle se réjouissait de la vue sous elle. Londres était désormais riche de zones de douceur et de lumière, récompense de son influence. Les vieilles imperfections et la laideur furent à jamais effacées ; la couleur et la beauté régnaient. C'était un spectacle pour les yeux de fée fatigués. La grande métropole était franchement belle.

Une à une, les fées qui estimaient qu'elles méritaient des vacances s'envolèrent et la suivirent, de sorte qu'au moment où elle arriva à

Armingham House, un train de vingt personnes l'accompagna. Plus on est de fous, plus on rit! C'était une compagnie joviale.

Les fées s'installèrent sur les marches près de la grande porte fermée. June l'a ouvert. Une simple pression de baguette et elle recula docilement. Le majordome d'Armingham, descendant alors les escaliers intérieurs, resta bouche bée d'étonnement.

"Mon Dieu!" il s'est excalmé. "Ces attaches sont faites pour."

Il ferma la porte avec un claquement, la rouvrit et examina la serrure. Tout semblait en parfait état. Il tira sur sa moustache gauche – signe de perplexité dans une cave à vin. "Le monde d'aujourd'hui s'adonne à ce rami", a-t-il déclaré. "Je ne sais pas ! Ces fées fleuries, je suppose."

Donc c'était ça. Beaucoup de paroles vraies sont prononcées avec perplexité. Les elfes, ravis d'entendre cet hommage, même involontaire, à leur efficacité, se donnèrent la main, coururent et chantèrent en rond autour de lui. Ils étaient fous de bonheur, bien plus joyeux que les légendaires grigs et sandboys.

Le majordome se tenait au centre de la salle de marbre, dans un labyrinthe d'indécision, mais en même temps étrangement satisfait, jusqu'à ce que leur ébat soit terminé. Alors, avec un cri de joie que ses oreilles d'argile étaient incapables d'entendre, les fées grimpèrent autour de lui. De sa taille jusqu'à la taille, ils s'accrochaient à lui ; en ont fait leur véhicule. June trônait sur sa calvitie. C'était un homme honoré.

Alors qu'il montait à l'étage, Sparks, la femme de chambre de la duchesse, leur passa par hasard. Elle vit son visage souriant et des pattes d'oie de gentillesse, rarement visibles, autour de ses yeux.

"La ! M. Gootle, qu'est-ce que c'est ?" elle a demandé.

"De la compagnie pour Sa Grâce, Sparks," répondit-il pompeusement.

La femme de chambre le regarda fixement, puis continua à rire. "Gootle les a!" » murmura-t-elle, sans mentir. Elle vit une possibilité de ragots lorsqu'elle arriva dans la chambre de la gouvernante.

La duchesse était dans la bibliothèque, parcourant sa liste de visiteurs, décidant des invités à inviter à son prochain dîner, écrivant les noms des sélectionnés sur une grande demi-feuille.

Le majordome entra dans la bibliothèque. Aussitôt les fées descendirent de lui et se rassemblèrent autour de la duchesse et du bureau.

Gootle fut soudain conscient du fait que son entrée était inutile. L'objet qui l'avait emmené là-bas était parti. Il lutta avec son cerveau pour trouver une excuse raisonnable à cette intrusion.

« Oui, Google ? » » s'enquit la duchesse.

"Ahem, Votre Grâce, la... porte d'entrée s'est ouverte à la volée."

La duchesse posa sa plume et... regarda.

"Vraiment, Gootle ! Aurais-je dû être dérangé par ça ?" Son regard était menaçant.

"Très désolé, Votre Grâce, vraiment désolé", marmonna-t-il en agitant ses mains comme des clapets, et il se retira. Il s'est senti giflé. Il avait envie de se donner un coup de pied. "Messe ! hass ! hass !" il soliloque. "Pourquoi ai-je fait ça ?" Il s'arrêta dans les escaliers. "Ce sont des fées fleuries !" dit-il encore.

June et ses compagnons étaient mûrs pour leur utilité. Ils ne faisaient rien pour le moment, mais restaient assis en silence, perchés de manière pittoresque sur la table, la cheminée, les lustres et les bibliothèques, pendant que la duchesse poursuivait sa sélection et complétait sa liste.

Elle a tracé une ligne pour indiquer que c'était terminé.

June toucha le stylo. La duchesse a griffonné la ligne, la supprimant ainsi, et a écrit un nom supplémentaire.

"Mme Barnett Q. Moss." Puis elle a tracé une deuxième ligne.

Elle fronça les sourcils et s'interrogea. Elle passa sa plume sur le nom intrusif pour l'effacer, mais ne laissa aucune marque ; l'encre était sèche. Son froncement de sourcils se répéta.

La duchesse enfonça sa plume dans l'encrier, la plongeant vicieusement ; puis, au lieu de l'utiliser pour achever l'annulation du nom incriminé, il a écrit une lettre. Elle n'a même pas utilisé la forme de la troisième personne.

" CHÈRE Mme MOSS,

" Je n'ai pas exactement le plaisir de vous connaître, mais mon fils Geoffroy a plus d'une fois apprécié votre hospitalité et m'a parlé de votre gentillesse à son égard. Me donnerez-vous le plaisir de vous connaître ? Si vous pouviez m'épargner le temps de prendre le thé avec moi ici demain à quatre heures, j'en serais bien content.

"J'ai hâte de vous voir alors, à moins que je reçoive une note ou un message téléphonique contraire.

"Cordialement,

"EDITH ARMINGHAM."

Elle trouva l'adresse dans le livre rouge, scella l'enveloppe, sonna Gootle et envoya l'invitation.

Puis elle se dirigea vers la cheminée et regarda les flammes.

"Maintenant, pourquoi... pourquoi ai-je fait ça ?"

Il n'y avait pas de réponse. Les fées se regardèrent et rirent. Ensuite ils ont fait des coulisses sur le couvercle du piano.

La duchesse était en colère.

CHAPITRE XVIII

UN COMPACT

Le coupé qui transportait Mme Barnett Moss, ravie mais très nerveuse, à Armingham House, la déposa devant la porte à deux heures moins deux. Être deux minutes de mieux que ponctuel était l'une des règles de fer du millionnaire ; sa femme s'en souvenait en effectuant une visite avantageuse. Alors que l'horloge du boudoir sonnait quatre heures, elle entra en présence.

Juin était également là. Ses compagnes d'hier étaient rentrées à l'aube à leurs postes de service, les casernes ; mais elle était allée chercher Bim, afin de suppléer à leurs places.

Les elfes en avaient fait une nuit, et quelle nuit !

Chaque pièce, chaque recoin et recoin du grand établissement avait été visité et exploré. Le garde-manger du majordome dans lequel ils exultaient – à ce jour, Gootle ne sait pas qui a mis la vinaigrette dans son whisky particulier. La véranda fut un temps transformée. Les fleurs qui s'y trouvaient perdaient leur léthargie et retrouvaient la joie de vivre. Les fées jouaient à cache-cache parmi les étagères et les statues de la bibliothèque. La table à manger, sur laquelle June avait dansé le soir de ses débuts à Armingham House, était utilisée le soir pour de nombreuses séries de rondes de fées - la vingtaine de personnages princiers traçant des danses triomphales autour et autour de leur chef et de leur dame.

Seuls Geoffrey Season et sa mère dînaient à la maison ce soir-là, il y avait donc suffisamment de place pour que les elfes puissent s'amuser. Le majordome et ses quatre valets de pied, regardant solennellement le vide damassé, étaient intrigués par… ils ne savaient pas quoi ! Il semblait y avoir des choses là-bas, remplissant le vide, qui n'avaient jamais été là. Ô mon cher ! Un monde étrange !

Geoffroy fut celui qui fut le plus impressionné par cette atmosphère enchantée. Sa conversation brillait d'un éclat inhabituel, elle bouillonnait de la plus heureuse effervescence ; mais la duchesse, consciente de l'étonnante invitation et de l'arrivée certaine du lendemain de la femme du millionnaire, était au fond des ténèbres, accablée de dépotoirs. Elle ne pouvait se résoudre à raconter même à son fils cet accident incompréhensible ; et s'est couché tôt, faisant passer à Sparks un moment insupportable.

Les heures de Faerie arrivèrent. Quand la lune jetait un lingot d'argent sur le couvre-lit de soie bleue ; quand les étoiles regardaient par les fenêtres ; quand la petite flamme de la veilleuse brillait modestement ; quand la respiration de Sa Grâce faisait de la musique dans la pièce ; alors on aurait pu voir des fées, une vingtaine, voleter autour du lit et devant les miroirs, se balançant sur des garnitures d'argent, accrochées aux tentures de tapisserie, dormant placidement, partageant l'oreiller lacé avec la duchesse d'Armingham.

Et ainsi, pour la nuit, nous quittons cette compagnie d'immortels et leur proie, et arrivons à l'important demain.

La duchesse se réveilla le cœur léger ; et, quand Sparks apporta la tasse du matin, il fut enclin à chanter des chants de Noël.

La servante aperçut une lueur inhabituelle de gentillesse, précisément au moment où sa maîtresse se souvint de Mme Moss. Sparks a vu l'éclat de la gentillesse s'estomper, mourir et la duchesse redevenir elle-même.

Cet état de bouderie noble ne dura pas longtemps. June, hormis l'heure de la sieste où elle retournait à Paradise Court chercher Bim, était constamment aux côtés de la duchesse. Elle passa toute cette journée à préparer l'atmosphère d'une grande conversion. Sa magie imprégnait chaque partie et chaque personne de la grande maison, du boudoir au boot-boy. Son influence, si réelle et si doucement envoûtante, affecta profondément la duchesse. Elle gardait toujours un visage fier, mais intérieurement elle était fortement encline à se rendre et à se donner aux fées. Son cœur était déjà converti, mais elle résistait néanmoins fermement aux nouvelles tendances.

La duchesse faisait partie de cette compagnie obstinée qui insistait pour mourir dans le dernier fossé.

L'aversion aiguë à l'idée de devoir divertir Mme Moss était l'obstacle qui bloquait la réalisation de ses bonnes intentions. Pourtant, cet acte involontaire d'hospitalité fut une étape essentielle dans le progrès de Fairydom. Il fallait que June gouverne la volonté de la duchesse dans une affaire importante, et vaincre un grand préjugé ; mais à ce stade des progrès, la perspective semblait retarder la marche. Sa Grâce a lutté avec acharnement contre les meilleures inclinations. Elle avait peur de la vulgarité. C'était la principale crainte. Elle avait tellement entendu parler de Liberty Hall et de ses fêtes – mais pas de manière méchante – de la part de Geoffrey.

Mme Moss, pour sa part, menait également un combat contre une étrange nervosité. Introduite par Gootle, elle a souri douloureusement, a secoué tristement la tête et a dit "Comment faire !" La duchesse la reçut avec une grâce glaciale.

Au début, le thé était une fête banale ; June savait qu'il valait mieux ne pas faire parler sérieusement ses marionnettes au cours de ses premières étapes. Il fallut que la duchesse dégèle un peu ; pour que Mme Moss reprenne confiance. Ils doivent faire une pause.

Ils l'avaient et discutaient de non-entités et de politique soyeuse.

En juin dernier, le moment était venu d'agir. Elle posa sa couronne sur la tête de la duchesse, tandis que Bim, armé de la baguette, s'installait confortablement sur les genoux étroits de Mme Moss.

Décembre s'est soudainement transformé en mai. La maladresse a disparu, la gentillesse a prévalu. La duchesse ne s'étonnait plus d'avoir donné l'invitation, ni d'avoir des pensées suspectes à l'égard de son visiteur. Tout était naturel, gentil et convenable. June avait enfin gagné.

« Je suis très heureuse que vous soyez venue, Mme Moss, » dit-elle chaleureusement ; "Il y a tellement de choses dont je veux te parler."

"C'est très gentil de votre part de le dire, chère duchesse", fut la réponse enthousiaste.

Bim brandit la baguette pour endiguer un courant de jet. Mme Moss pinça les lèvres et attendit.

La duchesse se demandait dans son esprit ce que sa langue dirait ensuite.

"Vous êtes-vous déjà demandé," demanda-t-elle, "à quel point il est étrange que les gens traversent leur vie et refusent volontairement de mieux se connaître ? Pourquoi devrait-il y avoir des barrières entre nous et entre les autres ? Les castes, les distinctions de classe, ne sont que artificielles. "Le rang n'est que le cachet de la Guinée", a déclaré M. Burns, le poète - cela a été cité hier par le *Morning Post*, dans un article frappant sur "L'aristocratie du monde des elfes".

"Était-ce?" » dit Mme Moss, qui était perplexe face à ce genre de discours.

"Oui, et c'est vrai."

"Oh, duchesse, si... si une duchesse le disait ; mais je n'aurais pas dû penser..." fut la réponse balbutiante.

La pauvre dame était abasourdie. La duchesse d'Armingham avait été bien connue et malade, particulièrement malade, la plus fière des fières ; c'est un jeu équitable et une cible privilégiée pour la dérision et l'envie admirative des simples intelligents. Mille histoires, de plus en plus piquantes à mesure qu'elles vieillissaient, avaient été mises à flot pour illustrer son arrogance. Des fictions aux mille feuilles avaient fleuri à son sujet. Son origine et son éducation ont été au cœur de nombreux jolis contes. Si la rancœur souhaitait – comme la rancœur le souhaitait souvent – lancer des épithètes à la caste couronnée, cinq contre un, la duchesse d'Armingham était sa tante Sally préférée. Personne dans la société n'avait été plus mis au pilori, maltraité et envié. La méchanceté et la vraisemblance des attaques furent accélérées et renforcées par l'indifférence suprême et non affectée avec laquelle Sa Grâce les avait ignorées.

Mme Moss, bien qu'elle ait fait un usage social de Geoffrey, avait pris sa part en jetant les ordures du scandale. Elle avait souvent vu la duchesse lors de ses promenades à travers les parcs, et aurait donné beaucoup pour une connaissance chaleureuse avec elle ; mais comme cela ne devait pas être le cas, elle contribua, dans son plus grand chagrin, à accroître le flot jaune de dénigrement.

Et maintenant, l'impossible tant désiré se produisait : cette grande dame, cette aristocrate enviable, cette cible des diatribes des petits, cette reine de quelques privilégiés, était assise familièrement avec elle, la divertissait, parlant facilement de démocratie, d'aristocratie. , égalité.

Pas étonnant que Mme Moss soit perplexe. Elle se pinça pour être sûre que ce n'était pas un de ses rêves éblouissants. Bim, pour fortifier la réalité, l'a pincée aussi. Oui, cela ne fait aucun doute. Elle pouvait sentir que c'était vrai.

"Une duchesse, dites-vous ?" et l'hôtesse sourit tristement. "Le monde se trompe lorsqu'il pense qu'une femme de rang mérite d'être enviée."

"Mais les privilèges !"

"Les privilèges, Mme Moss ? Les responsabilités du poste, je vous l'assure, les dépassent de loin. La familiarité a tendance à en faire de simples nuisances. De quels privilèges faites-vous particulièrement référence ?"

L'invitée sourit à son tour. C'était un sourire de pitié… ah, la sagesse des mondains ! Combien la chère duchesse a dû être incomprise !

"Eh bien, l'entrée partout. Je suppose que les gens qui ferment leurs portes à une duchesse seraient bientôt des habitants de Bedlam. Vous pouvez parler en tant que partenaire avec n'importe lequel des gens au sommet, n'est-ce pas ? Les maisons les plus riches et les plus fières Bienvenue à toi."

"Est-ce un grand privilège ?" on lui a répondu. "J'avoue que je trouve le monde social ennuyeux, inexprimablement ennuyeux, avec ses réceptions et ses dîners, quand il faut y assister."

"J'aimerais que vous et le duc honoriez ma maison un soir", osa dire Mme Moss. "Je vous garantis que vous ne trouverez pas nos soirées ennuyeuses."

"Ah, mon fils Geoffrey" (elle ne se souvenait que des histoires les plus douces sur Liberty Hall) "m'a parlé de petites fêtes agréables chez vous."

Un pincement au cœur parcourut la dame de Liberty Hall.

"C'est donc ainsi qu'il les a décrits !" pensa-t-elle. Des éloges si comparatifs l'ont poignardée. Elle était lésée et était presque amenée aux larmes de colère. Quelques jours plus tôt seulement, un hebdomadaire sans tirage avait, contre rémunération, rempli deux colonnes d'une description illustrée de sa dernière liaison, donnant une longue liste d'invités aux noms gonflés, et maintenant, maintenant, maintenant. ! pour la qualifier de « petite fête agréable » ! C'était exaspérant !

Bim, pensant qu'elle en avait besoin, la pinça à nouveau.

Pendant ce temps, la duchesse parlait calmement de pure démocratie, au grand amusement de June. La couronne travaillait avec vengeance. Son impuissance dans ce cas particulier a pris fin. Six mois de succès incomplets, commençant par un échec absolu, s'étaient terminés sur ce résultat. Pas étonnant que la fée et le gnome se soient sentis en colère ! La Victoire, la Victoire absolue, avançait.

La duchesse devint sérieuse. Elle parvint au but de la fée et crut que c'était le sien.

"Etes-vous démocrate, Mme Moss ?" » demanda-t-elle, et elle porta sa lorgnette à ses yeux pour voir et entendre la réponse.

Tous les nerfs et tous les atomes de la dame vaniteuse et égoïste frémissaient en signe de protestation face à une telle question.

"Non, madame, ce n'est pas le cas", fut la réponse décisive.

"Très cher!" soupira la duchesse.

"J'ai laissé toutes mes jolies fantaisies là-bas. M. Barnett Q. Moss et moi ne sommes absolument pas si stupides!"

« Vous les avez laissés là-bas ?

"Oui!"

"Aux Etats-Unis?"

« Aux États-Unis d'Amérique ! »

"Très cher!" dit encore sa Grâce.

June était maintenant sur l'épaule de la duchesse, blottie dans les doux plis de la dentelle irlandaise. Elle s'assit avec impatience, pour mieux entendre le discours.

"Je suis démocrate, Mme Moss !" la remarque est venue brusquement, comme un coup de feu.

"Non, non, Duchesse ! Impossible !" La pauvre dame, stupéfaite, faillit crier pour protester. Son appel fit frissonner les tasses de thé. Dans son esprit, elle voyait la duchesse agiter un drapeau rouge et crier pour les droits de quelqu'un.

"Oui, un démocrate !"

Mme Moss frissonna et serra son mouchoir en boule. Elle serra les lèvres et écouta avec horreur.

"Oui, un démocrate, quelqu'un qui croit que tous les êtres humains devraient s'efforcer de se donner des chances égales. Je n'ai pas toujours pensé cela. Cher moi, permettez-moi de l'avouer, je ne le pensais pas encore hier. Quelque chose s'est produit, quelque chose Cela se passe toujours. Le monde semble être à l'envers ; non, pas cela ; mais certainement plus près des étoiles, sans être plus loin des fleurs, j'étais une femme fière et méchante jusqu'à hier. Mais à partir du moment où j'ai écrit. mon invitation à vous, mon ancien orgueil, mon ancien, oui, je dois le dire, mon arrogance, mon obstination, mon vide de cœur, m'ont peu à peu quitté. C'est comme une conversion, je suis changée, et... une femme plus humble. ... Je reconnais maintenant, comme je ne l'ai pas fait jusqu'à présent, mes limites personnelles et le mal que je fais à mes semblables lorsque je jouis d'une grande chance sans en tirer aucun retour pour l'humanité.

La duchesse resta un moment silencieuse et rêveuse. Une brume était devant ses yeux. C'était comme si une brume froide avait disparu de son cœur. Elle n'en était pas moins une grande dame pour avoir découvert que son ancien isolement était une condition bien pire que cette réalisation de la fraternité avec le reste de l'humanité.

Mme Moss ne s'est aventurée sur aucune réponse. Elle était dans un curieux état d'émotions mitigées. De temps en temps, pendant que son hôtesse parlait, elle se demandait si certains des mots utilisés n'étaient pas intentionnellement pointus et tranchants. Pourquoi la vieille fierté de la duchesse avait-elle commencé à diminuer lorsqu'elle lui avait rédigé l'invitation ? Était-ce Miching Malecho ? Cela signifiait-il un méfait ?

Mme Moss tomba dans un bureau brun en réfléchissant à cette petitesse. Elle n'était pas idiote ; sa personnalité n'était pas seulement vanité, joie de la richesse et avidité du plaisir. Elle avait un cerveau méthodique, et peut-être un cœur quelque part sous ses corsets. Les paroles qui lui étaient adressées furent efficaces.

« Vous n'avez pas été négligent », remarqua-t-elle enfin avec douceur. "Votre nom et celui du duc figurent sur toutes les listes de charité. Vous aidez les bonnes choses avec ce qu'elles demandent : de l'argent."

La duchesse secoua la tête.

"C'était toujours un don de fierté. Cette charité ne venait pas de la gentillesse, mais de la fierté."

"Non, duchesse ; vous prenez un avantage injuste sur vous-même."

"Je ne le pense pas, Mme Moss. Mais je n'ai pas besoin de parler de pénitence maintenant. Si cette - cette tendance me tient demain, comme je peux vraiment dire que j'espère que ce sera le cas, je ferai mieux en l'exprimant dans les actes. Je Je voudrais maintenant, s'il vous plaît, vous parler d'une question plus sérieuse et solliciter votre coopération.

Mme Moss se tortilla. "Ça arrive!" se dit-elle. Cela ressemblait tellement au prélude familier à un appel à la mendicité.

Elle était agréablement déçue. La duchesse ne regardait même pas le mot cordons de la bourse, mais exigeait quand même quelque chose qui impliquait des sacrifices.

"Vous avez bien sûr entendu parler de ces fêtes municipales de Noël ?" elle a demandé.

"Seulement vaguement !" fut la réponse aérienne.

— Mais les journaux en sont pleins !

"Je n'ai lu que certaines pages de certains journaux - dans le monde, il faut être prudent; mais, oui, j'en ai entendu parler - assez pour savoir qu'ils sont des amusements pour le plus grand nombre et non pour quelques-uns. J'appartiens au peu."

"Ils sont pour tous", murmura la duchesse.

"Alors je crains de ne pouvoir m'intéresser que peu à eux."

Bim leva la baguette d'un air vindicatif ; June lui fit signe d'attendre. Il a obéi.

« Je suis désolé de vous entendre dire cela ! » La duchesse fut choquée de cette étonnante indifférence, possédant elle-même le sérieux du converti.

"Oh!"

Il y avait une lourde signification dans cette interjection. Pas un seul instant Mme Moss n'avait rêvé que la duchesse d'Armingham, suprêmement exclusive, puisse véritablement sympathiser ou coopérer à ces efforts collectifs. Elle savait très bien que « certaines pages » qu'elle avait daigné lire mentionnaient la duchesse comme faisant partie de la minorité dissidente et, à cause de cette abstention, elle s'était elle-même abstenue de rejoindre le mouvement et avait infecté ses partisans d'un sentiment similaire. intention.

Maintenant, un nouveau changement était survenu. Son esprit vif et astucieux était absolument déconcerté. Que devrait-elle faire? Elle a répondu à sa question en ne faisant rien, en écoutant.

"Je suis désolée de vous entendre dire cela", répéta la duchesse, "car il s'agit d'un effort unique de la part de tous. Jamais auparavant nous n'avons eu une telle union de personnes de tous degrés et de toutes classes, comme elles sont unies pour réaliser cet événement. effort."

"Mais... mais... pardonnez-moi, duchesse... sûrement vous ?" La question n'était pas complétée verbalement, mais elle brillait dans les yeux de la dame.

"Nous n'étions pas récemment en sympathie avec le mouvement ?"

"Oui, Duchesse, c'est ma demande formulée en anglais simple."

"J'avoue qu'il en est ainsi. J'ai eu tort de prendre une telle décision, mais il n'est jamais trop tard pour réparer. Je vais aider maintenant avec tous mes pouvoirs, comme mon mari l'a fait. Voulez-vous vous joindre à nous et aider aussi ? Ma demande de venir me rencontrer aujourd'hui était directement due à mon zèle pour le mouvement (« Cher moi ! » pensa la duchesse. « Était-ce vrai ? ») Cela semblait si noble et si pratique. unanime, un effort devrait être ignoré par quiconque pourrait l'aider, en particulier par des personnes de haut rang. » La flatterie, bien qu'involontaire, n'a pas été sans effet. "Je savais que vous n'aviez pas l'intention d'y participer ; moi non plus. J'ai changé d'avis et abandonné mon intention antisociale. Le ferez-vous, Mme Moss ?"

"Non, duchesse, je ne peux pas !"

"Je suis désolé que tu dis ça, mais pourquoi ?"

"Cela ferait de moi la risée de mon groupe."

June fit signe au gnome. Il s'accrocha à une chaîne de montre suspendue et porta la baguette aux lèvres de la dame récalcitrante. Elle a résisté à son pouvoir. Sa bouche était obstinée.

"Sûrement pas, Mme Moss. J'ai entendu dire que vous étiez la reine sociale d'un public influent. Ces gens, quels qu'ils soient, viendraient sûrement avec vous, et rendraient ainsi notre fête représentative et complète."

Plus de flatterie, insidieuse et involontaire – de telles tactiques étant aussi étrangères à la duchesse que la peinture à la graisse. Oh, ces fées, les diplomates !

"Cela semble si déraisonnable. Tellement... tellement semblable à une scène de pantomime ou de jeu de fées."

" Exactement, c'est ça, c'est ça la joie ! "

June, ravie, embrassa la duchesse.

"C'est contraire à la raison et au bon sens !"

"Oh non, Mme Moss. C'est la meilleure des raisons, et c'est du bon sens absolu !"

" Mais, s'il vous plaît, dites-moi ; cela me dépasse ; à quoi peut servir la rencontre, de cette manière, de toutes sortes de gens, de gens nobles et louches ? "

"Toute sorte de bien. Cela enseignera la réalité de la fraternité humaine et tendra à rendre les gens louches - et les gens nobles - plus nobles."

"Pour être complètement oublié demain!"

"Je ne le pense pas. J'espère que non. Une fois que les représentants de toutes les classes et de toutes les conditions se réuniront dans des relations fraternelles respectueuses, dînant ensemble cinquante à une même table, et les gouffres de suspicion mutuelle, d'indifférence, d'aversion, ne seront jamais franchis, je l'espère, pour être à nouveau complètement divisé. C'est une grande idée, hasardeuse au début, toujours audacieuse, mais maintenant raisonnable et très prometteuse. Un grand pas en avant dans le progrès humain.

Sa Grâce était éloquente. La couronne de fée avait certainement fait des merveilles.

Mme Moss hésitait encore et Bim baissa la baguette avec désespoir. Il fallait dissoudre une épaisse croûte de vanité et de fierté pour les choses matérielles. Elle pinça obstinément les lèvres et regarda le feu. June a alors survolé et a jeté la couronne sur sa tête.

Ça a marché.

"Oui, après réflexion, je suis d'accord", était la déclaration. "Je serai ravi de coopérer. Cela signifiera de l'argent - peu importe ! Mon mari et moi pouvons nous permettre de donner. Cela signifiera du service - un service dévoué. Cela aussi sera volontiers donné par nous deux. " C'est un objet pour lequel il vaut la peine de vivre ! Je viendrai, et je ferai venir mes amis aussi ; mais, Duchesse " (June ôta la couronne et l'enfila elle-même) " Je dois poser une condition, s'il vous plaît. "

"Oui?"

« Que toi et le duc veniez à ma fête du Nouvel An !

"Si vous nous invitez... avec plaisir !"

"Je vous invite, maintenant!"

"Alors j'accepte."

Le pacte a donc été conclu.

Lorsque la duchesse et Mme Moss furent enfin seules, chacune se posa cette question : « Où va le monde ?

June le savait. Bim le savait. Obéron au Pays des Fées avait une idée.

CHAPITRE XIX

LE JOUR DE L'AN

Les courbines coassent, bien sûr, mais la fête de Noël, une fois accomplie, fut un grand succès, et personne ne l'apprécia plus que les courbines, lorsqu'elles se savaient inaperçues. Ce fut une victoire éclatante pour les optimistes. Les attentes étaient partout dépassées. Le dîner était digne de l'intention. Les conversations, la musique, les chansons et les jeux allaient en résonance. Aucune note dissidente n'a été entendue. Grands et humbles, riches et pauvres, se sont rencontrés pour cette occasion en camarades, et les bons effets de leur rapprochement sont restés. Le monde était désormais de meilleure humeur, plus doux, plus prévenant que jamais.

Ce fut un triomphe pour les fées et pour les humains les moins fortunés. Là, laissons-le !

La nouvelle année, fête des bonnes résolutions, est arrivée avec son lot de hautes intentions habituelles. Ce jour présentait une opportunité dont les fées comptaient profiter au maximum. Mais la tâche n'était pas entièrement facile, car les vieilles habitudes seraient puissantes.

Dans le passé, une résolution du Nouvel An comportait généralement, presque invariablement, deux parties distinctes : la prise et la rupture. C'était son histoire. Si le jour du Nouvel An était la fête de sa création, la Douzième Nuit pourrait certainement être appelée le jour des funérailles, tardivement. La construction et l'oubli des bonnes résolutions étaient devenus un processus tellement séculaire que chacune des étapes était aussi simple que de respirer. A la légère, l'intention pourrait être encore plus légèrement perdue. C'était là le problème des fées. Il serait assez simple d'amener les gens à bien résoudre leur problème ; mais les empêcher de vivre une Douzième Nuit d'oubli serait une tâche titanesque en comparaison. Pourtant, ils doivent essayer.

June, au moyen de ses myrmidons, traqua l'ancien lord-maire, Sir Titus Dods, maintenant baronnet dans les tribunaux d'Edward et d'Obéron, et le fit revenir de sa retraite à Hampstead pour diriger cet effort particulier.

Il a incité chaque journal, dans son supplément spécial du Nouvel An, à offrir une jolie carte sur laquelle on pourrait écrire de bonnes résolutions réalisables. Les cartes, inscrites, seraient conservées jusqu'à ce que cette nouvelle année soit terminée. Il s'agissait de la procédure Mansion House mise en œuvre en mai dernier, répétée et étendue sur une zone beaucoup plus vaste, destinée à connaître le même succès.

Un changement s'est produit lors d'une conversation informelle. Au lieu d'utiliser de vieilles phrases et des étiquettes éculées comme « Comment

allez-vous ? » ou "Il fait froid, n'est-ce pas ?" les gens se saluant demandaient
: « Les résolutions sont fortes ?

Il était surprenant de constater à quel point les réunions devenaient de plus
en plus intéressantes et à quel point la réponse était invariablement « oui ».
Le respect de soi a eu du mal à obtenir une réponse affirmative.

Il y a donc eu des progrès dans tous les domaines, des progrès splendides.

L'entreprise de June se développait si rapidement – chaque heure de la nuit
et du jour attirait au moins une recrue – que sa puissante mimique était
capable de concentrer son attention sur ce qu'on appelait Smart Set. Elle se
souvint de la fête du Nouvel An qui devait avoir lieu à Liberty Hall et s'y
rendit, emmenant avec elle un régiment d'elfes – Bim le seul gnome.

Les fées se rassemblaient autour de la porte et des escaliers et se moquaient
des valets à tête blanche.

"Pourquoi ces mortels volumineux portaient-ils ce désordre?" La nuit était
lumineuse de leur satire.

Régulièrement et rapidement, la compagnie des invités arrivait. Ils sont venus
avec leur agitation habituelle, et puis—et alors…

L'influence des elfes avait un effet curieux sur les hôtes et les invités. Cela
s'est avéré étrangement restrictif. Barnett Q. se sentait comme un directeur
d'école du dimanche devant une pièce de théâtre française trop française, un
rose humide de convenance inconfortable. Mme Moss était, comme
d'habitude, agitée nerveusement par une nouvelle anxiété qui lui faisait peur
au cœur : comment ses invités, destinés à se prélasser dans le rayonnement
ducal, se comporteraient-ils ?

Liberty Hall a été métamorphosé. Le bruit, l'étalage et la sauvagerie qui
avaient jusqu'alors rendu ses fonctions célèbres furent rapidement remplacés
par une rectitude ultrafine - une bonhomie Bowdlerisée, consciente et
contrainte. La populace de Comus fut muselée.

les mondaines aux cheveux blonds étaient guindés, minaudeurs, moralisateurs,
péniblement sur leur bon comportement. Ils étaient nerveux et le moral
alourdi. Ils le savaient, ils le sentaient et ne pouvaient ni le comprendre ni se
plaindre. Les fées les tenaient en esclavage. Du point de vue des elfes, c'était
extrêmement drôle. Ces maîtres spirituels des fêtes riaient jusqu'à ce que
beaucoup d'entre eux deviennent écarlates.

Le duc et la duchesse d'Armingham, accompagnés de Geoffroy, qui avait fait
de son mieux pour décider sa mère à ne pas y aller, arrivèrent à dix heures.
Mme Moss poussa un soupir de soulagement. Quoi qu'il en soit, son parti

était justifié. Quel que soit le verdict final, Vanity Fair doit approuver quelque chose. Elle avait eu la duchesse !

Les nouveaux invités, suivis des fées, entrèrent en foule dans la salle de bal. Le groupe a entamé une danse de grange, qui s'est déroulée dans le plus grand décorum. Tout le monde fut surpris, la duchesse agréablement.

Le duc enfila le pince-nez et partit à la recherche de la plus jolie partenaire possible. Il était arrivé à sa seconde jeunesse et comptait en profiter. Il se retrouva à murmurer des épigrammes élogieuses à Lalage et Chloé, écrites par lui-même pendant ses années d'université, sous le charme d'Horace. Il se demandait s'ils le feraient.

Geoffrey parla des réformes du Nouvel An à Barnett Q. avec le sérieux d'un législateur en herbe et se souvint de son expérience précédente à Liberty Hall. Quelle différence! Il y eut alors une émeute ; c'était l'autre extrême. Où était la raison pour laquelle ?

La compagnie était composée – il le vit – pour la plupart des mêmes personnes qui auparavant y avaient semé un vulgaire tumulte ; chaque visage lui était plus ou moins familier ; mais leurs manières, jusqu'alors flagrantes, étaient désormais franchement farfelues. Les lions rugissants s'exprimaient avec la modestie des sifflets. Qu'est-ce que cela signifiait ? Les Bounders, les ninnies, les minxes avaient abandonné leur méchanceté et étaient devenus décemment humains.

Toute tentative de vulgarité était immédiatement étouffée et réprimée. Les efforts d'ostentation boiteux ont été impitoyablement snobés. Geoffrey avait appris plusieurs choses ces derniers jours ; ses yeux avaient été mieux ouverts. Il imputait cette condition de convenance tendue à sa véritable source, les fées ; mais Sa Grâce, sa mère, y était aussi pour quelque chose. Mme Moss était certaine que c'était principalement dû à la chère duchesse.

L'arrivée des Armingham fut certainement un événement dans l'histoire sociale de Liberty Hall. S'il n'y avait pas eu l'étrange sentiment de contrainte qui la tenait, Mme Moss aurait exulté, contente comme un jeune peau-rouge avec son premier scalp. En fait, elle voltigeait comme une poule nerveuse autour d'un œuf d'autruche, sachant qu'elle n'avait pas vécu en vain.

C'est le duc qui, si les fées le voulaient, a fait tomber les barrières d'une retenue excessive. L'atmosphère elfique, qui maîtrisait les riches bruyants, le réveillait et le réveillait. Il avait tendance à s'amuser. Brisant l'ordre établi des choses, il incita Barnett Q. à lancer une vieille danse country. L'expérience a pris. Les pas qui, plus tôt dans la soirée, valsaient sans enthousiasme ou ne faisaient que deux pas sans enthousiasme, devinrent vifs chez Sir Roger de Coverley. C'était une révolution, une transformation complète.

La simplicité pure est venue à des gens qui avaient toujours considéré que c'était une folie d'être simple. De tout cœur, les invités se joignirent à la danse - ils se hâtèrent de prendre place en longues rangées de rires - la duchesse elle-même descendit des fières montagnes pour aller trotter dans une avenue souriante avec son partenaire Barnett Q. Les fées aussi créé des lignes chatoyantes et amélioré les mouvements des humains. Il n'y eut plus de danses antisociales ou laides ce soir-là. La fête était pour tout le monde comme une fête jouée par des enfants heureux.

Les filles de dix-huit ans blasées devenaient jeunes pour la première fois depuis leur sortie de la crèche ; les jeunes gens dorés résistaient aux tendances aux discours stupides et aux poses inélégantes ; les vieillards, dont les cheveux teints et les moustaches cirées murmuraient des histoires grises, oubliaient les affectations et l'égoïsme ; les dames d'âge moyen ont refusé de faire tapisserie plus longtemps. Ils ont demandé aux oisives de les associer de manière féminine et naturelle. L'hilarité était vivante. La salle des cartes a été abandonnée. Les fées aidaient les amoureux sur le chemin heureux. L'horloge sonna musicalement douze en signe de sympathie.

"Mon amour", déclara Barnett Q. haletant à sa femme, "c'est le meilleur que nous ayons jamais eu."

"La chère duchesse !" dit-elle. Elle accordait peu de crédit aux fées.

La danse et la fête continuèrent et s'éclairèrent momentanément de joie.

L'heure du dîner arriva. Le repas devait être une série de collations, de pétillants et de rushes, comme d'habitude ; mais June en a décidé autrement. Elle avait appris que le moment où les hommes sont plus susceptibles d'être sérieux et sont certainement les plus influençables, c'est l'heure du repas ; elle ordonna donc que toute la compagnie des invités se rende ensemble à la salle du dîner, et bien que cela nécessitait quelques concessions mutuelles et beaucoup de pressions, supportées par de jeunes couples avec une patience au-dessus de leurs années, il était géré. Les assiettes et les couverts claquèrent bientôt et le bourdonnement d'une conversation joyeuse s'éleva. Pendant ce temps, les elfes se répartissaient dans la compagnie. Leur heure était venue.

June, avec Bim marchant derrière elle, longea les tables pour s'assurer que ses assistants étaient à leur place. Les verres à vin étaient touchés par la magie. Le champagne pétillait d'un enchantement supplémentaire.

June retourna à sa place à la tête de la table principale et frappa les doigts de M. Moss. Il se leva, leva un verre et proposa un toast fidèle. On l'a bu avec cordialité. La compagnie, en sirotant son vin, absorbait la magie.

"Maintenant," dit-il, alors que June lui remettait la couronne irrésistible, "je vais vous demander de boire un autre toast, ce que j'appellerai le toast de la soirée, 'Les Fées'!"

L'explosion d'enthousiasme qui suivit rappela à June le banquet au Mansion House. Du vin nouveau, enchanté, était versé dans des verres touchés par une baguette. La liqueur apportait une nouvelle inspiration aux lèvres humaines.

"Les Fées ! Les Fées ! Obéron ! Titania !" criaient les invités.

June et sa compagnie – tous sauf Bim sans ailes, qui doit forcément rester accroupi sur une grappe de raisin violet – volaient au-dessus et autour, déversant des sorts sur les mortels ; chantant une chanson en volant que les hommes-choses ont failli entendre.

Le cortège volant fit trois fois le tour de la salle ; puis les fées retournèrent à leur place. Les cris doivent maintenant attendre un peu. June a donné à Barnett Q. un ordre péremptoire. Il était obéissant comme une marionnette.

"Puis-je faire un discours ?" il a demandé à ses invités.

"Vous devez!" fut la réponse unanime.

Il adopta une attitude oratoire et surmonta avec succès sa tendance persistante aux manières yankees.

"En vieillissant", commença-t-il sentencieusement, "peu d'entre nous deviennent vraiment plus sages. Ainsi, s'il vous plaît, nous allons, chacun de nous, redevenir jeunes, et immédiatement. De cette façon, et de cette façon seulement. , pouvons-nous faire ce que les fées exigent de nous. Ces jeunes insouciants, les enfants, ont des opportunités incroyablement bonnes, si seulement ils le savaient.

"Allez, Barnett!" conseilla sa femme qui, même dans cette étouffante excitation, gardait sur la duchesse des yeux inquiets, espérant qu'elle ne s'ennuierait pas. Il n'y avait guère de crainte que cela se produise, aussi simpliste que puisse être la nouvelle philosophie de Moss.

La duchesse était en effet un bel exemple de bienveillance géniale. Elle rayonnait et, pratiquement en présence de présidente, éprouvait un peu de la satisfaction ressentie par un saint patron. Ses anciens ennemis ne l'auraient pas connue s'ils avaient rêvé de la scruter de la manière cruelle d'antan.

"Es-tu d'humeur pour la sagesse des elfes ?" » demanda le millionnaire.

"Nous sommes!" Geoffrey répondit, exprimant le sentiment général.

"Voulez-vous, mesdames et messieurs, être chevaliers errants, partir en quête pour le bien des fées ?"

"Nous sommes nous sommes!"

Chacun d'entre eux – hommes et femmes, garçons et filles – répondit cette fois. Les Britomarts et Calidores potentiels étaient abondants comme des champignons en octobre ; mais la bête flagrante qu'ils devaient poursuivre était leur propre vanité, leur égoïsme et leurs vices. "Très bien. La première exigence est que vous écriviez immédiatement sur vos programmes de danse une résolution telle que celle-ci : 'Pas un jour dans cette nouvelle année ne se passera sans que j'aie rendu quelqu'un dans le monde plus heureux par mes œuvres.' Exprimez-le comme bon vous semble, mes amis, mais ne vous méprenez pas sur mon sens. »

"Mais quel genre de travaux ?" » demanda Sir Gussie, le calculateur et précis, alors qu'il vissait un monocle à lourdes montures, de regarder ce refaiteur de manières.

"Utilise tes yeux, mon garçon, et décide par toi-même", fut la réponse rapide. "Regardez les sites touristiques quotidiens de Londres, puis apportez du réconfort à ceux qui en ont besoin."

Barnett Moss était dans son élément. C'était un manager né. Il a dirigé cette assemblée – avec la permission gracieuse de juin – avec autant d'efficacité qu'il aurait dominé une réunion du Conseil d'administration. Il mènerait cette affaire à bien.

Les crayons attachés aux programmes étaient occupés à écrire la belle promesse. Le majordome et les valets de pied présents à la table fournissaient des cartes à ceux qui n'en avaient pas et écrivirent eux-mêmes subrepticement de bonnes intentions similaires. June, satisfaite de leur esprit agréable, les rendit un peu plus beaux, ce qui était plutôt une belle forme de récompense.

L'enchantement était puissant partout dans la grande salle excitée.

"Je m'assieds?" » a demandé Barnett. Ses petits yeux brillaient d'excitation, comme ils brillaient toujours lorsqu'il dirigeait une transaction magistrale.

"C'est vrai", fut la réponse générale au bout d'un moment.

"Maintenant, comment le conserver. Puis-je demander à la duchesse d'Armingham d'aider les fées dans cette affaire ?"

La duchesse acquiesça. La société a applaudi avec joie. Sa Grâce semblait changée. Cette présence souriante pourrait-elle être celle qui avait si longtemps été leur épouvantail ? Beaucoup de personnes parmi cette compagnie, s'ils n'avaient pas été attirés par le glamour de l'occasion, auraient douté de leur identité. Le duc leva ses lunettes et pinça les lèvres, l'étudiant. Il connaissait à peine sa propre femme.

"Bien!" commenta Barnett Q., confirmant son assentiment ; " C'est ainsi que sera accomplie la Quête que vous devez suivre, vous les chevaliers. Une fois par mois, par appel ou par lettre, toute personne ici qui aura fait et signé cette promesse devra rendre compte à la Duchesse de son accomplissement ; et que personne "... sa voix prit des accents d'un sérieux extrême : « que personne qui, en violant cette résolution exigeante, s'avère indigne, n'ose oser franchir les portes d'Armingham House !

Il y eut un grand frémissement et un grand bavardage tandis que les paroles sérieuses et leur sens complet s'enfonçaient dans l'esprit de ceux à qui on s'adressait. À ces mondains, même dans cette humeur plus sublime, aucun appât plus acceptable ne pouvait être offert que l'opportunité d'une visite d'amitié avec la duchesse. La porte d'entrée d' Armingham House était pour eux l'entrée du paradis. Se frayer un chemin avec une telle qu'elle – une véritable dirigeante de personnes haut placées – était un passeport pour la société suprême, qui valait la peine d'être atteint, valait la peine d'être apprécié, valait la peine d'être conservé – la chose qu'ils désiraient le plus. C'était le moyen le plus efficace que l'on puisse imaginer pour garantir une bonne conduite et détruire la vulgarité. Mais la duchesse, que pensait-elle de cette proposition définitive ?

Le duc, dans son esprit avisé, en doutait beaucoup. Il se pencha pour étudier le visage de la duchesse, pour lire ses intentions ; et j'ai été étonné. Elle se leva pour faire une déclaration.

"Je serai disposé et heureux de faire ce que M. Moss m'a demandé. Il est le porte-parole des fées, je le comprends. J'accepte la tâche d'elles et je serai fier de compter parmi mes amis personnels les plus gentils. ici qui, en inscrivant et en signant leurs cartes, comme demandé, ont fait ce qu'on peut appeler un vœu de service personnel, suite à la recherche d'un objectif social. Le premier mardi après-midi de chaque mois sera mon jour de réception, en ville ou en ville. au château d'Armingham. Mes nouveaux amis s'en souviendront-ils ?

Elle reprit sa place. L'intermède était terminé. Avec un nouvel enthousiasme, l'assemblée retourna à la salle de bal et apprécia ses jeux et ses jeux. La retenue artificielle qui les avait retenus plus tôt avait disparu. Ils étaient devenus doux.

Certains d'entre eux ont commencé leur quête le soir même.

Sir Gussie, pour qui le jeu avait été une passion profitable et les cartes le premier des passe-temps, résolut à l'avenir de jouer aux jetons ; et, pour réparer ses mésaventures passées, il s'en alla dans une rue sombre et déposa un souverain dans vingt-cinq boîtes aux lettres minables.

Les servantes qui, bâillantes et blasées, avaient attendu jusqu'à l'aube leurs maîtresses, furent accueillies avec des sourires et des remerciements, un changement bienvenu par rapport à l'habituelle colère acérée qui avait presque invariablement été leur récompense jusqu'alors.

Un jeune homme brillant – avec le sérieux d'un débutant, ce qui, même lorsqu'il est malavisé, est quelque chose de splendide – a consacré ses forces à aider un homme ivre à rentrer chez lui. Un autre garçon pétillant dressa aussitôt la liste de ses dettes et élabora des plans d'économie grâce auxquels il pourrait les racheter. Un autre est parti en toute hâte pour écrire des excuses à une famille à laquelle il avait fait du tort par égoïsme. Un quatrième--M. Harris, un automobiliste avec qui Geoffrey Season avait une demi-connaissance, a juré de parcourir cinq miles par jour pendant deux mois le long d'une route infestée de voitures, pour voir par lui-même ce que signifiait la tyrannie des bourreaux.

Et ainsi de suite, de toutes sortes de manières, sages ou imprudentes, mais toujours sincères et déterminées, les débuts de l'amélioration du Smart Set ont commencé.

Cela a bien fonctionné, au bout d'un moment, comme chaque mouvement lancé par les fées est tenu de le faire. Le rapprochement de la ploutocratie soudaine et des véritables aristocrates eut de bons effets – élargissement et renforcement – sur les deux. Cela enseignait la retenue, la considération, la responsabilité. Les organisations sociales ont augmenté en nombre, en influence et en influence. Aucun hôpital ou œuvre caritative n'était désormais entravé par le manque de fonds. Les cortèges de chômeurs ont cessé d'exister. Il y avait moins d'enfants dans les rues de la pauvreté : les riches sans enfants les avaient adoptés.

L'humanité était plus étroitement liée, par des liens d'une grande bonté. Personne n'en fut plus affecté que la duchesse d'Armingham. Elle restait géniale, d'un pouvoir persuasif ; et a grandi en générosité, en charme et en gentillesse. Elle se sentait elle-même comme une reine des fées.

Juin a donc conquis la place forte. Les pauvres et les riches, les faibles, les fiers et les grands étaient désormais avec elle. Elle dirigeait une armée humaine et immortelle. Sa folie était justifiée.

CHAPITRE XX

AU PARLEMENT

Février arriva, succédant à une période d'immense activité elfe. L'humanité prenait rapidement conscience de l'amélioration de l'état des choses ; de plus en plus de recrues arrivaient du Pays des Fées pour maintenir les objectifs des hommes bons et brillants ; la métropole se nettoyait vigoureusement et se mettait en couleur, de sorte que des gens de toutes les régions du monde se rendaient dans ses rues pour y recueillir l'inspiration et le plaisir esthétiques.

Les Londoniens se rendirent enfin compte qu'ils appartenaient à une ville majestueuse, que la crasse et la laideur sordide qui enveloppaient leurs bâtiments depuis des siècles voilaient un monde riche de poésie et de beauté. Avec leur âme civique revigorée, ils étudiaient et étaient fiers des mille ans d'histoire vivante – de leur héritage. Ils portaient leurs chapeaux avec un coq. Leur pas s'allongea. Leurs mentons montraient du dédain pour le caniveau. Les anciens Romains, les Vénitiens et les Florentins de l'Italie médiévale n'étaient pas plus véritablement citadins patriotes que ne l'étaient les habitants de Londres redécouverte.

Février était arrivé ; et au milieu de ce mois méprisé et incompris, les chambres du Parlement se sont réunies. Des brefs pour pourvoir les sièges vacants ont été proposés. Geoffrey Season était de retour au château d'Armingham, menant une campagne électorale acharnée, poursuivant le dernier tour de sa candidature.

Les journaux décrivent si bien les élections qu'il n'est pas nécessaire que cette pauvre plume raconte l'histoire de cette bataille particulière entre les Buffs et les Bleus. Il suffit de constater que ce qui était prévu s'est produit - et malgré le dicton disraélien, c'est presque toujours ce qui se produit - Lord Geoffrey Season a été placé en tête du scrutin, battant son adversaire Bleu, M. Tutherman, par un peu moins de sept cents voix, ce qui était plutôt mieux que la moyenne de cette circonscription.

Il est arrivé à la Chambre des communes, le plus jeune et, par conséquent, le député le plus optimiste, dix jours après le début de la session. Il se proposait résolument de réaliser les projets des fées.

Lorsqu'il fut présenté aux Communes et prit place, le débat sur l'adresse se déroulait toujours de manière houleuse. Le progrès luttait faiblement contre un courant de paroles.

June et Bim entrèrent dans la maison avec Geoffrey ; et comme de nos jours elle ne se rendait pratiquement nulle part en public sans l'accompagnement d'un garde du corps autoproclamé, une cinquantaine de fées regroupées autour d'elle. Elle était dans un état de reine lorsqu'elle observait, depuis le point d'observation de l'horloge, les messieurs alanguis et tentaculaires qui composaient la Chambre. Pendant un bon moment, les elfes suivirent les débats. Beaucoup de choses les amusaient et les intriguaient ; il serait inapproprié ici de détailler précisément de quoi il s'agissait.

Puis peu à peu les fées s'ennuyèrent ; le flux infini de discussions continuait encore et encore. La lumière de leurs présences s'estompa. Leur gloire diminuait. Leur force, qui s'exprime dans l'éclat, diminuait progressivement.

Cela ne ferait pas l'affaire ! June s'est réveillée et a donné une poussée à Bim qui l'a fait tourner puis s'étaler sur le sol de la maison en contrebas. Il se leva indigné de ce traitement, se dirigea vers la table avec sa dignité la plus raide et, avec un élan et un certain effort, se percha à califourchon sur la masse.

À partir de ce moment, les Communs ont commencé à se transformer. Les fées reprirent leur éclat et brillèrent d'une lumière qui eût ébloui l'humanité si des yeux d'argile avaient pu réaliser des gloires immortelles. L'horloge s'est arrêtée – son mécanisme était plus sensible à l'influence des elfes que celui des bâtisseurs de prose ci-dessous. Les membres – sans aucune raison particulière qu'ils connaissaient – sont venus en masse ; et en moins de dix minutes, tous les bancs verts sur le sol de la Chambre et dans les tribunes étaient bondés.

June déploya ses ailes et survola la tête des législateurs. Ses compagnes suivirent son exemple. Avec des baguettes, ils frappèrent les sourcils puissants des législateurs et préparèrent leurs esprits à l'obéissance. Les membres portant des chapeaux ont reçu des coups dans la nuque. Tous, sans exception, furent inoculés de magie. Le parti irlandais est devenu un peu bruyant et effectivement facétieux.

Le flot de prose continuait.

June a donné sa baguette à Bim et lui a demandé de prendre la chaise. Il grimpa gravement le long de la table du Trésor, s'approcha du trio de commis et, après s'être incliné trois fois avec respect, selon l'usage (son siège sur la masse l'avait touché avec le décorum parlementaire), l'aventurier intrépide grimpa sur la robe du Président et s'accroupit sobrement sur sa perruque. La dignité du Parlement a été renforcée.

Le gnome savait qu'il était en train d'écrire l'histoire, alors il prenait soin de rester éveillé.

Le président commença à se sentir étrangement nerveux, à avoir des pressentiments, comme si un précédent inattendu était sur le point d'être établi.

Pendant ce temps, le flot de prose continuait. Le malfaiteur actuel était ----, mais son nom ne sera pas immortalisé ! C'est tout ce que je dirai, ô lecteur : il était de l'école politique opposée à la vôtre. Même les députés de son propre côté de la Chambre ont commencé à s'impatienter. Quelques-uns criaient « Vide ! » mais seulement faiblement. Son méfait a été toléré par l'indifférence générale.

Il continuait à déplorer et à protester mollement contre le fait que le gouvernement, dans le discours du roi, n'avait pas inclus un projet de loi pour réglementer les bazars de charité et s'efforçait d'instituer une comparaison avec le système social des anciens Assyriens. Sa péroraison était déplacée ; il avait commencé par cela. Il avait atteint son septième. Il n'y avait aucun signe d'une fin proche, aucun moyen de calculer quand cela pourrait avoir lieu. Il a simplement continué. Son discours était comme une route longue et boueuse par une nuit humide et éclaboussée.

Juin a couronné Geoffrey. Il se leva docilement.

"Monsieur le Président", dit-il avec le geste que la pratique dans la chambre avait rendu parfait. "Ce flux intolérable de bêtises ----"

"Commandez ! Commandez !" crièrent cent voix.

L'orateur interrompu se retourna pour regarder Geoffrey avec des yeux de surprise colérique.

L'intervention est venue du bon endroit. Le Président était debout. Bim s'accrochait à la perruque pour éviter son déplacement.

"Le noble lord", a déclaré le président de la manière la plus conciliante et la plus convaincante, "est un si jeune membre de la Chambre qu'il mérite toutes les indulgences; mais je dois lui rappeler que le fait d'interrompre un honorable député autrement que en invoquant le Règlement constitue une grave violation de la procédure et de l'ordre de cette Chambre. »

Geoffrey avait, bien sûr, repris son siège dès que le Président s'était levé ; mais, l'autorité ayant parlé, la couronne ne le laissait pas plus tranquille, acquiesçant, qu'elle n'avait permis à l'un de ses porteurs humains de rester lui-même normal. Il se leva de nouveau.

Une tornade de cris « À l'ordre ! Salua le nouveau manquement involontaire à l'obéissance de Geoffrey.

June s'est envolée vers le Président.

Les vieilles mains parlementaires se tournèrent vers leur nouveau collègue. Sa nouvelle violation de l'ordre a été accomplie de manière parfaite. Il n'y avait aucune vulgarité criante dans son interruption, mais un objectif précis, agréablement exprimé. Ils l'ont rapidement résumé. Il était beau, bien habillé, en bonne forme à la Chambre des communes, mais avec une expression de détermination rafraîchissante dans les yeux. Au fond d'eux-mêmes, les anciens combattants commencèrent à admirer et à s'interroger. Les débuts de Geoffrey, pensaient-ils, étaient pleins de promesses ; cela marquait un homme du futur aussi sûrement que le bâillement de Hartington.

"Il fera l'affaire", disaient-ils; "l'impudence et l'intelligence." C'était leur verdict au début. Ces députés de premier plan étaient astucieux, mais ils ne connaissaient pas vraiment Geoffrey.

"Puis-je m'excuser, Monsieur le Président, et expliquer ----"

"Je refuse de céder", déclara le personnage important dont l'emphase et les bêtises sinistres avaient provoqué l'interruption des elfes.

"'Vidéo ! 'Vidéo !" » s'écria un travailliste, simplement avec malice.

June a embrassé le Président. Sans rougir, mais avec une grâce et une modestie parfaites, dans l'intérêt d'un véritable progrès, elle l'embrassa ; tandis que Bim, allongé de tout son long sur le haut de sa perruque, pressait la baguette contre son front et lui ordonnait de faire ce que les fées exigeaient. Un homme pourrait-il réussir à résister à de tels pouvoirs ? Non! Même le premier des roturiers ne le pouvait pas.

Le Président, alors qu'il attendait de rendre son jugement, savait qu'il était, bien que stupéfait par la luminosité, encore plus lucide que d'habitude. Il était à la limite d'un précédent. Il se demande comment sera accueillie la décision qui sera alors rendue ; d'ordinaire, cela aurait rempli la Maison d'étonnement, mais l'inoculation précédente de magie avait déjà commencé à faire effet. Le Président était conscient d'étranges pouvoirs et présences autour de lui.

L'homme à la prose pompeuse, se rendant compte que sa dignité était en danger, cria de nouveau une protestation ; mais il était si loin des sympathies de ses confrères – il les avait tellement ennuyés – qu'ils le crièrent à grands cris. Grâce aux fées, tous les membres de cette Chambre ont lancé « À l'ordre ! » à lui.

Bien que techniquement tout à fait en ordre, il fut contraint de se calmer. Il se sentait maltraité ; il a été maltraité : et servez-le bien, n'est-ce pas !

Pendant toute la scène qui suivit – une page glorieuse de la nouvelle histoire anglaise – le néant bouda. Au bout d'un moment, Bim alla s'asseoir sur ses genoux, essayant de le charger de l'élixir d'elfe ; mais il était difficile, à ce stade d'estime de soi chronique, qu'une bonne influence puisse percer la croûte de préjugés, de jalousie et d'indignation qui l'enchaînait.

Mais le gnome continua à faire des efforts et finit par adoucir l'orgueil de cette créature au faste grandiose.

Le baiser de June était capital ; il portait avec lui le pouvoir. L'Orateur de tout son être trembla à son contact intangible ; un sourire, qui eût été séraphique sans la perruque, égayait et réjouissait son visage.

Les vieux parlementaires se jetèrent un rapide regard interrogateur ; puis ils centrèrent leur regard sur lui. Qu'est-ce qui allait arriver ?

"C'est une occasion exceptionnelle", a-t-il statué d'un ton égal et sérieux. "C'est une heure où un précédent peut utilement être créé. Le noble seigneur peut donner son explication. La Chambre écoutera avec attention."

À leur grande surprise, les membres ont applaudi. Ce qu'ils savaient parfaitement être faux leur paraissait alors tout à fait vrai. Geoffrey était encouragé dans ses cours de fées. La couronne, appuyée sur ses cheveux lisses, le remplissait d'exaltation. Il se sentait aussi léger et confiant qu'une alouette, aussi puissant qu'une machine à vapeur ; puissant, joyeux, énergique, contrôlant.

« Monsieur le Président », a-t-il déclaré, « je dois et je m'excuse sincèrement auprès de l'honorable député de l'avoir interrompu de la manière que j'ai été obligé de faire ; mais la protestation que j'ai été obligé de faire a été faite en obéissance à un pouvoir supérieur. nous sentons tous que, dans ces derniers jours, des forces nouvelles et admirables sont devenues efficaces dans la vie nationale. »

"Entendre entendre!" » a déclaré le chef de l'opposition.

"Les idéaux, absolument opposés à de nombreuses opinions populaires fixes, prédominent. Le règne de la laideur, de l'égoïsme et du matérialisme est menacé par des influences nouvelles et admirables. Les formes anciennes doivent se modifier pour s'adapter à des objectifs plus jeunes et plus nobles. le porte-parole de ces pouvoirs que j'ai osé si tôt attirer l'attention de la Chambre.

Un murmure d'approbation parcourut les bancs. Aucun parti n'était tout à fait silencieux ; le seul individu qui regardait Geoffrey avec méfiance et froideur était la victime sur laquelle Bim était assis, essayant de fondre.

"Je proteste", a poursuivi Geoffrey, "et je continuerai de protester, au nom du progrès et de l'humanité, contre la perte de temps public par de simples paroles. La Chambre a écouté pendant trois quarts d'heure l'honorable député. et, j'ose le dire - avec de nouvelles excuses auprès de lui - n'a en aucune manière été inspiré ou bénéficié par ce qu'il disait. Son discours a simplement occupé le temps dont le pays a un besoin urgent pour l'accomplissement des affaires pratiques et nationales. . Au nom des fées, j'affirme - et la Chambre me soutiendra - que chaque fois qu'un honorable député, quel que soit l'endroit où se trouve son siège, gêne ou même fatigue la Chambre avec un discours ennuyeux, dilatoire ou inutile, Je proposerai qu'un projet de loi qui favorise le progrès social, qu'il paraisse ou non dans le journal, soit immédiatement examiné, mettant immédiatement de côté le sujet en discussion à ce moment-là. Cela garantira que, dans très peu de temps, ce qui est publiquement. cela vaudra la peine d'être dit, cela vaudra la peine d'être écouté et que la vraie législation avancera. Dans le but de préparer la Chambre à ce nouveau cours de progrès -- remerciez les fées pour cette idée, Monsieur le Président, ne me remerciez pas ! -- je vous informe respectueusement, Monsieur, que j'apporterai demain un Projet de loi visant à abolir les cimetières et à réformer ainsi nos coutumes funéraires, afin que l'acre de Dieu puisse être un jardin agréable, dans lequel les gens peuvent contempler l'immortalité sans être choqués par les pierres païennes et les tombeaux malsains.

La Chambre fut enthousiasmée par les paroles calmes qui exprimaient une telle révolution des méthodes. C'était comme suggérer que le monde devrait être sommairement dissous et reconstruit. Pourtant, les membres l'ont entendu comme des agneaux, même si, même alors, une voix d'interruption s'est élevée.

Un membre qui était entré dans la Chambre quelques instants auparavant, et qui était par conséquent déconcerté par l'inconvenance de l'action de Geoffrey et étonné de l'attention tendue de la Chambre, a mené une enquête formelle.

« Est-ce recevable, Monsieur le Président ? »

"Non", fut la réponse acerbe, reçue dans un silence menaçant. "Le noble seigneur est tout à fait hors d'usage, mais il peut continuer !"

Une telle volée d'acclamations retentit que les lumières au-dessus, derrière leur cloison vitrée, frissonnèrent. Un soupir commun de satisfaction se transforma en un son. Les membres ont été soulagés que la flambée contre la convention n'ait pas été sommairement stoppée.

June embrassa à nouveau le Président. Elle était fière, heureuse et reconnaissante. Celui qui avait soulevé le rappel au Règlement--M. Wash, le député de Somewhere, regarda fixement, chancela, s'apaisa, se serra sur un demi-siège et se retrouva bientôt, lui aussi, sous le charme de l'influence des elfes et en sympathie cordiale avec le réformateur.

Aucune autre protestation n'a été formulée, ni à ce moment-là, ni par la suite, contre les cours irréguliers de Geoffrey. Il se précipita sur son chemin féerique, heureux et libre. Il se sentait plus comme une alouette que jamais. L'admiration marchait après lui à pas de géant. Dans ces moments de début parlementaire, il se forgeait une réputation que des années de persévérance officielle n'auraient peut-être jamais atteinte.

« Contre les discours inutiles, tonna-t-il, encourageant (les manières de chambre étaient efficaces), les fées font la guerre. Elles m'ont chargé, aussi, de déclarer leur désapprobation absolue de la simple politique de parti.

Il y avait ici des murmures de doute. Le parti irlandais était même bruyant. June agita la baguette ; le Président a levé la main ; les sons s'apaisèrent instantanément. Jamais auparavant la présidence n'avait été aussi volontiers obéie.

« Je sais, dit Geoffrey, que le système des partis est une évolution naturelle et que sans lui, la vie politique perdrait une grande partie de sa vitalité ; mais il est devenu une moquerie, une nuisance, un mal ; il est allé trop loin. »

"Entendre entendre!" » dit un obscur, dont le bord du chapeau de soie était orné de cinq fées.

Un grand éclat de rire fit écho à ses paroles. Saül était effectivement parmi les prophètes. Cet obstacle majeur était connu pour sa tactique et ses compétences dans le domaine. Ses actions ont été dictées uniquement par les moyens du parti et à des fins partisanes. Ils avaient fait échouer, blesser ou tuer plus d'un bon mouvement, promettant la croissance du bien-être national.

"Je suis sérieux!" » dit-il avec insistance, enlevant son chapeau pour le dire, et faisant ainsi flotter, étincelantes, les cinq fées pendant quelques instants au-dessus de lui. Leur éclat brillait sur son haut front chauve. Ses confrères ont vu suffisamment de luminosité elfique pour penser qu'il s'agissait de la lumière de son inspiration. Ils ont acclamé une volée. Encouragé par cet incroyable hommage, en grande partie émanant d'hommes qui jusqu'alors ne l'avaient pas admiré, il jura secrètement de ne plus jamais, plus jamais, entraver ou nuire sans motif à une éventuelle bonne cause par des tactiques d'obstruction. Saül, mieux qu'un prophète désormais, était devenu angélique.

"Combien de projets de loi, soutenus par les membres les plus réfléchis de toutes les parties de cette Chambre, ont été sacrifiés à un prétendu avantage partisan", a poursuivi Geoffrey. "L'histoire de la législation, Monsieur le Président, est étouffée par des intentions d'homme d'État, gâchées sans raison. Cette possibilité ne doit pas perdurer."

"Entendre entendre!"

"Cela ne doit pas continuer. Les fées ont donné la parole. Il faut leur obéir."

"Écoutez, écoutez ! Écoutez, écoutez !"

"Les organisations du parti doivent bien sûr rester ; les affaires générales doivent toujours être conduites selon les lignes de parti, car l'opposition est pratiquement aussi nécessaire que le gouvernement ; mais la tendance à utiliser les forces du parti comme un blocage insensé doit être freinée. Par la présente, Monsieur le Président , Je déclare respectueusement que, tout en étant fidèle à mon parti, les Buffs, je voterai pour un bon projet de loi promu par les Bleus chaque fois que je pense qu'il est calculé honnêtement pour aider le peuple Buff ou Blue, les progrès sont à peu près les mêmes. défendront-ils le véritable progrès ? Est-ce qu'au moins vingt membres de chacun des quatre partis de cette Chambre se joindront à moi, examineront avec des yeux impartiaux, comme je le ferai, tous les projets de loi qui lui seront présentés, et feront des efforts pour les adopter le moment venu. leur passage serait pour le bien social de la nation ?

Des voix provenant de tous les bancs de la Chambre, ainsi que des tribunes parallèles au-dessus, criaient en accord avec cette intention. Geoffrey avait son avance.

" Alors c'est réglé. Nous - ce nouveau Parti national - serons assez forts pour aider n'importe quel gouvernement, chamois ou bleu, à adopter de bonnes mesures ; et assez forts pour imposer des amendements raisonnables à des projets de loi par ailleurs souhaitables. Nous maintiendrons l'équilibre. du pouvoir, et des progrès seront réalisés sur une voie médiane. Monsieur le Président, j'ai fait ! Je remercie la Chambre pour sa grande considération et sa courtoisie envers un nouveau député. J'ai été écouté avec une gentillesse qui prouve le patriotisme de ce député. Maison historique. Je suis fier si tôt d'avoir été autorisé à suggérer des remèdes à l'état encombré des affaires publiques et, grâce à la sympathie des honorables membres, d'avoir pu concevoir des moyens par lesquels les causes inspirées par les fées triompheront.

Il reprit sa place. Des applaudissements enthousiastes ont éclaté. Les membres ont agité leurs chapeaux. Trois au moins se tenaient sur les bancs pour mieux applaudir. Geoffrey Season était un homme parlementaire.

La Chambre se tut pour entendre son leader. Appuyé gracieusement sur un coffret du Trésor, il sourit d'un sourire de doute philosophique. Voyant cela, June fit signe à un groupe de princes elfes, qui transférèrent immédiatement la couronne de la tête de Geoffrey à la sienne. Aussitôt le sourire s'élargit, son doute diminua, sa philosophie grandit.

« La Chambre, » dit-il, « a écouté le noble seigneur avec un intérêt et une admiration considérables ; Je suis moi-même un homme de la Chambre des Communes, et toute proposition visant à diminuer, ou même à nuire, à l'appareil de cette Chambre se heurterait à une vive résistance, mais parce qu'un système a duré de nombreuses années, comme l'a fait le système des partis ; --est-ce une raison pour son maintien sans perturbation ? Il faut répondre à ma question par la négative et je me joins au noble seigneur pour inviter les honorables membres à examiner tous les projets de loi avec des yeux impartiaux. Je suis enclin à souhaiter pouvoir devenir membre de ce parti moi-même. Je félicite le noble seigneur d'en être le chef, s'il n'y avait pas les membres travaillistes - un corps des plus utiles. Je dois dire que l'ancien Quatrième Parti a revivé." Il fit une pause. Il soupira : "Ah moi !" puis s'inclina à nouveau.

La Chambre vota immédiatement l'adresse. Les députés se sont empressés de retirer du Feuilleton les résolutions futiles et les motions de blocage. Une vingtaine de projets de loi, prudemment progressistes, furent aussitôt formellement déposés. Les parties rivalisaient pour faire des suggestions constructives. Le Parlement était plein de cet esprit qui faisait bondir les montagnes du Psalmiste comme des béliers. Il s'est mis au travail avec une volonté.

Au milieu de ce tourbillon de beaux événements, les fées s'en allèrent. Ils volèrent jusqu'au sommet de la tour Victoria et se régalèrent ; tandis que Bim, dépourvu de pouvoirs de vol, s'endormit paisiblement dans la poche de poitrine de Geoffrey.

CHAPITRE XXI

OBÉRON ENFIN

En ce qui concerne la conquête de Londres, tout était fini, sauf les cris. Juin a été triomphant. Cela ne faisait aucun doute. La victoire s'accrochait à elle comme une ombre dorée. De plus en plus d'elfes arrivèrent du Pays des Fées, chacun augmentant définitivement la superficie et devenant un témoignage actuel de la véracité de la victoire de June.

Obéron se taisait ; il ne faisait encore aucun signe, il restait loin, chassant dans les vallées de l'obstination ; mais personne d'autre dans les terres obscures des Fées n'a hésité à reconnaître la glorieuse vérité. La folie de June – comme ils l'appelaient – était justifiée.

Le printemps arrivait doucement. La nature s'est réveillée ; secoua sa léthargie et cria bienvenue dans l'avenir. Les arbres revêtaient prudemment leurs vêtements. Les oiseaux ont retrouvé leurs voix oubliées et ont commencé à répéter des hymnes, se préparant pour la saison de nidification. June, touchée par l'espoir qui flottait dans l'air, et renforcée par la satisfaction de voir Londres rétablie ou en convalescence, était modestement confiante.

Une personne humaine, avec de tels progrès derrière elle, aurait été sûre d'elle ; mais les fées le savent mieux !

Elle montra sa force et sa satisfaction par un acte de courage. Elle a renvoyé la couronne au Pays des Fées ; Bim, en guise de marque d'honneur, a eu le privilège de le recevoir.

Le gnome, grâce à cette grande confiance, si responsable, si ennoblissante, fut transporté jusqu'au dix-septième royaume du bonheur. Ce privilège le remplissait d'une belle humilité. Il n'avait pas la prétention de porter la couronne ; il le tenait avec révérence dans ses mains, et lorsqu'il rentrait chez lui avec son pélican (June s'en procura un pour cette mission à St. James's Park) il le portait soigneusement sous son bras.

Il atteignit la Vallée Violette, remit la couronne à ses gardiens mystiques, puis, désireux d'exprimer ses merveilleuses aventures, raconta à des groupes d'immortels excités des récits sur les événements de juin. Ses paroles jaillissaient à torrents. Il avait tellement de choses à dire. Il a développé des pouvoirs d'expression inattendus. Il se retrouvait, en détaillant son épopée, rayonnant des grâces de la poésie mineure. Les nymphes, rassemblées autour de lui pendant qu'il parlait, adoucissaient son récit avec des accords frappés sur des harpes d'or et d'étoiles. Ses récits furent répétés au centuple par les conteurs. Une fée « Iliade » était en préparation. Pas une fleur ou une grenouille du Pays des Elfes n'a manqué de recevoir un récit complet, vrai et particulier de ce que la fée et le gnome avaient vécu et de leur triomphe ultime.

Le résultat était meilleur que glorieux. Bim agissait comme un recruteur de premier ordre. Grâce à son éloquence, le flux des fées vers la ville augmenta rapidement en volume. Plus il parlait, plus ils volaient vite. Son ardeur et sa loquacité étaient encore stimulées par cette preuve croissante – et disparaissante – de son succès. Encouragé, il continua à parler, à expliquer, à interpeller. Il se tenait sur une souche, un orateur. Son pouvoir de persuasion et son pouvoir de parole dépeuplaient Fairyland. Ils écoutèrent, ruminèrent et s'enfuirent.

Obéron, conscient de cela, fut enfin conscient de la gravité des choses et revint à Elfland paniqué.

"Je te l'avais dit!" dit Titania avec cette inconséquence et cette douce insistance que son seigneur aimait tant.

Le roi murmura légèrement un « Ourson ! » royal. et cacha ses pensées dans le brouillard.

Jamais auparavant le véritable Pays des Fées n'avait été aussi silencieux. De nombreuses clairières étaient vides. Les fleurs tombèrent. Les insectes nuisibles prirent courage et rôdèrent. Les murmures des dragons enchaînés, ensevelis sous terre, se faisaient entendre dans le silence pour la première fois depuis des siècles ; mais ils étaient solidement emprisonnés.

Les chevaliers féeriques, leurs gardiens, forts de leur haute chevalerie et de leur dévouement dévoué, résistèrent à toute inclination à suivre les ailes de leurs camarades. Ils restèrent fidèles et fidèles à leurs postes pénibles et difficiles, gardant les cavernes enflammées. L'humanité n'a aucune idée des dangers qui la menacent. Si ces créatures vivantes et préhistoriques s'étaient échappées… mais non !… non !… plus rien de tout cela ! Que les horreurs restent dans les profondeurs épouvantables, pour qu'on ne s'en souvienne que dans les rares occasions où, avec leurs puissantes circonvolutions, elles provoquent un tremblement de terre.

Les fées affluèrent en masse vers Londres et les autres villes qu'elles avaient abandonnées ; et il n'est pas venu seul. Des gnomes, au nombre de mille, arrivèrent également, montés sur toutes sortes d'oiseaux : chardonnerets et mésanges, merles et troglodytes, et autres beaux compagnons du royaume à plumes. Le monopole du roi Sparrow était terminé. Il fut maintenu à sa place et devint un bohème honnête et tolérant.

Plus tard dans la saison estivale, lorsque le soleil est doux, des papillons aux couleurs vives voletaient négligemment hors du pays dans les rues radieuses. Plusieurs oiseaux allèrent bouche bée pour les saluer ; mais le pouvoir féerique était si puissant que les choses persistantes de beauté – les sourires vivants de Psyché – n'étaient pas touchées.

Des lucioles ont été vues s'élancer autour du Royal Exchange. Les hirondelles jouaient sur les eaux de la Tamise.

Londres devint encore plus digne de ses divers nouveaux venus. Il se nettoya et se pare si rapidement que des marins voyageant au loin, revenant au Pool après seulement un mois d'absence, virent la grande différence et, se sachant déficients, signèrent sérieusement l'engagement.

Chaque caserne sur une superficie de cinquante milles carrés avait désormais sa fée. Les gnomes, surpeuplés, devaient se loger là où ils le pouvaient. L'habitation préférée de cette noblesse démocrate était un chapeau de soie abandonné, il y en avait beaucoup, car les hommes avaient pris conscience de la laideur et de l'inconfort du monstre de la cheminée et l'avaient jeté de mode. Mieux aérés, et avec la sieste frottée dans le mauvais sens, ils étaient devenus d'agréables habitations de gnomes. Il y en avait de longues rangées dans le parc Victoria, et ils étaient généreusement répartis autour de Lincoln's Inn Fields et des Embankment Gardens.

Le chapitre le plus heureux du mois de juin commençait alors. Ce n'était rien d'autre que la foi ouverte de l'homme dans la réalité et la vérité des fées. Certains d'entre eux, les vieillards d'abord, les jeunes ensuite, les enfants en dernier, les virent ; j'ai vu des fées voler dans les rues heureuses ou trôner fièrement sur les loges, régnant avec bienfaisance ; J'ai vu des gnomes suspendus et en équilibre sur les bras de fer des lampadaires, assis en rangées sur les murs, étalés parmi les pots de fleurs sur les rebords des fenêtres.

La découverte de cette nouvelle vision a eu des résultats colossaux. Cela a incité le monde entier à écrire des paragraphes. Les journaux, avides de faits, ont fait grand bruit sur la révélation. Les métaphysiciens allemands chaussèrent des lunettes cerclées d'or et posèrent laborieusement les bases de volumes volumineux consacrés à l'analyse scientifique et à la philosophie de la nouvelle grande influence qui était venue faire progresser l'humanité. Ce sont les rayons X et le radium qui ont avancé un long stade plus loin.

L'humanité s'est généralement réveillée avec un début d'amélioration de la situation et s'est attachée, encore plus vigoureusement qu'auparavant, à réparer les torts et à éliminer toute la pourriture qui avait réussi à survivre.

La vie est devenue comme un hymne avec un refrain joyeux. Les croakers et les pessimistes dont l'idée du devoir est d'entraver et de retarder ont été agréablement déplacés, afin que les optimistes, dotés d'une vision et de la volonté d'agir, puissent se mettre au travail.

Ces mois de printemps - jusqu'à ce que les amandiers soient en fleurs et que les pâquerettes commencent à bourgeonner - connaissaient une préparation plus acharnée et l'élaboration de véritables plans artistiques pour l'amélioration et l'ornement de Londres, de sa banlieue et des autres lieux similaires de l'Angleterre. , que jamais auparavant.

Qu'en est-il du poète et de l'artiste, vivant d'une manière ou d'une autre, dans chaque individu, devenu, au soleil des idées alors chaudes dans le monde, assez fort pour sortir de son état de chrysalide ? Les faits ont été examinés à la lumière d'idées éclairées. Les hommes allaient et venaient avec des rêves dans les yeux et travaillaient avec des mains pratiques.

Le démon de la fumée fut rapidement aboli – les moyens pour y parvenir attendaient depuis longtemps d'être utilisés ; et aussitôt Londres devint plus lumineuse. Une bouteille de brouillard de novembre était conservée au British Museum. Le ciel bleu, qui n'était plus voilé par l'encens du King Coal noir, brillait si fort sur les rues et les bâtiments, les illuminant, que la saleté et la saleté cachées qui spoliaient les édifices dignes devenaient plus que jamais une horreur et un ennui.

La cathédrale Saint-Paul a été attaquée par une armée de pinceaux. Avant l'arrivée du jour de la Saint-Jean, la grande couronne architecturale de Londres émergeait dans sa gloire blanche de ses toits – ils étaient maintenant remplis de fleurs – et pointerait bientôt vers le ciel, un dôme de bronze bruni.

Des arbres ont été plantés le long des côtés de chaque artère principale. Des autobus silencieux circulaient dans les avenues vertes. Les statues non condamnées par l'ordre de la laideur ont été nettoyées ; et, là où leur sujet le permettait, étaient ornés de fleurs festonnées autour de leurs piédestaux.

Trafalgar Square était enfin en train de devenir digne de sa position et de ses opportunités. Une nouvelle histoire, d'une belle architecture, s'est superposée à la National Gallery, supprimant l'insignifiance passée. La place elle-même est devenue une joie en marbre et en roses. Whitehall scintillait de fontaines. Les rails des Parcs ont été supprimés.

La Tamise redevint argentée. Les hommes pêchaient depuis des bateaux le long du remblai et écoutaient les chœurs des concerts dans les jardins qui ornaient la belle artère. C'était un spectacle préféré dans les années à venir que d'observer les saumons courir vers la mer et, plus tard, retourner volontairement vers les cours supérieurs au-delà de Teddington.

Les membres du Parlement (il y avait parmi eux des jupons) dans les intervalles de débats bienfaisants jetaient de la nourriture de la terrasse aux poissons et aux mouettes.

Les Cockneys espéraient une récolte de foin sur Clerkenwell Green.

Et c'est tout ce qu'il nous faut dire pour montrer avec quelle merveille les fées poussaient les hommes à modifier Londres.

La beauté vivait ; la vulgarité était en train de mourir. L'espoir, le bonheur, la gentillesse régnaient.

Nous devons remonter à une étape antérieure du triomphe de Juin, lorsque les développements heureux mentionnés ci-dessus n'étaient généralement que survenus dans les esprits des hommes et n'étaient pas parvenus à de véritables processus de matérialisation.

C'était avril, le début de la dernière semaine du mois joyeux ; et même si de tous côtés il y avait des preuves éclatantes de sa victoire absolue, June se sentait triste, car Obéron n'avait donné aucun signe de pardon. Lui et Titania étaient les seules fées qui n'étaient pas venues justifier son bonheur. Réalisant cela, elle eut presque assez de chagrin pour pleurer. Pourquoi le roi n'est-il pas venu ? Son mécontentement pourrait-il encore être actif ?

Alors qu'elle volait ici, là, et tout autour de la radieuse Métropole – d'où le voile du mal avait finalement été enlevé – elle soupirait et soupirait encore. Ses camarades, voyant la tristesse, son fardeau, furent attristés. C'était le seul point sombre dans une condition de joie absolue.

June rendit visite à ses amis humains - Sally Wilkins, les Oldstein, l'archidiacre Pryde, les Mosses, le duc et la duchesse d'Armingham, Lord Geoffrey Season, Sir Titus Dods - et se réjouit de les trouver toujours à l'œuvre sur la bonne ligne, marchant sur la bonne voie. une voie de progrès féerique, mais sa dépression jaune s'accrochait à elle et ne voulait pas s'en débarrasser.

Il est étrange que même à l'heure de la joie comblée, elle soit hantée par le spectre de la déception ; mais c'était ainsi.

Les derniers jours d'avril passèrent. C'était le soir de son trentième jour. Peu après minuit, aux premières heures de la nuit, la fée de l'année devait être couronnée.

June se cachait seule sur son toit au-dessus de Paradise Court, baissait ses ailes et était, à tous égards, fatiguée. L'heure de la réaction, à laquelle on avait si longtemps résisté, était enfin venue. Elle sentit alors que l'accomplissement réussi de sa quête, tout en lui enlevant un poids, lui avait également enlevé quelque chose qui la soutenait et l'inspirait. Avec Bim loin – elle ne savait où – et sa multitude de camarades dispersés dans toutes les parties de la Métropole, ou, supposait-elle, en voyage vers le nouveau couronnement, son fardeau de faiblesse et de lassitude était vraiment lourd.

Elle leva les yeux vers le ciel et se souvint de la soirée d'il y a un an. Les étoiles brillaient maintenant comme elles brillaient alors. Le croissant de lune baissa les yeux. Toujours aussi curieuse, Diana, cette vieille fille prude, la hellénique

Mme Grundy, regardait par le recoin argenté et regardait le monde en attendant le couronnement.

Les souvenirs du dernier 1er mai revinrent avec force au mois de juin. Elle se souvint de l'appel qu'Oberon lui avait adressé ; la brève gentillesse de championnat de Titania ; son propre défi et sa fuite. Comme les choses ont changé depuis ! Elle avait envie de retourner au Pays des Roses Sauvages, maintenant que sa tâche était accomplie.

Même si les étoiles brillaient vivement, la vie et le ciel lui semblaient gris, et le gris resta jusqu'à ce que les horloges sonnent onze heures. Tirée par leur chœur de sa triste rêverie, elle s'envola vers la plus haute cheminée de son toit, pour contempler en guise d'adieu les merveilles qui l'entouraient.

Le jardin de Bim était toujours florissant. Ses fleurs brillaient fièrement sous une lumière féerique. Ils – aha ! – n'étaient pas timides. Sur de nombreux toits, des pétales printaniers regardaient vers le haut, une flamme elfique jaillissant de chaque bourgeon qui s'ouvrait. Fairyland a été effectivement traduit ; Londres transformée.

Au revoir pour un moment ! Demain, elle quitterait tout cela : sa tâche particulière était accomplie. Dans les minutes précédant minuit, elle se précipiterait vers le nouveau couronnement, où qu'il soit, pour féliciter la fée la plus heureuse, quelle qu'elle soit, puis, libre, elle s'envolerait vers ses chères routes pour se reposer, se rafraîchir, réjouir.

Mais le doux roi lui pardonnerait-il ? Elle se souvenait de son commandement d'il y a un an et ressentait un chagrin que le bilan d'un objectif accompli et de la victoire remportée ne pouvait ni bannir ni diminuer.

La question la troubla jusqu'à ce qu'Obéron apporte la réponse.

Elle était assise, méditant sur le bord de la cheminée, son comportement et ses ailes molles témoignant d'un abattement extrême, lorsqu'elle se rendit compte que la luminosité et le bonheur approchaient. Elle regarda précipitamment autour d'elle.

Le chagrin est parti.

Des myriades de fées étaient en vol, venant rapidement vers elle, chantant les chants qui réjouissaient la nuit du couronnement. Leur éclat était tel que, pendant un certain temps, les étoiles pâlirent. Puis lentement, toujours en chantant, ils se rassemblèrent autour des maisons autour d'elle, ou voltigeèrent en lignes riantes sous le ciel.

Des gnomes, impatients de se joindre à ce qui se passait, arrivèrent, escaladant les conduites de pluie et utilisant d'autres moyens pour atteindre le pays des toits.

Ils ont rappelé à June Bim. Elle aurait aimé qu'il soit là aussi. Pourquoi n'était-il pas revenu ? Cette procession et cette démonstration signifiaient honneur et bonheur qu'il méritait de partager. Mais où qu'il soit, tout allait bien pour lui ; qu'elle savait.

Elle consacrait toute son attention aux merveilles qui approchaient.

De tous côtés, autour d'elle, les fées étaient rangées ; les maisons se dessinaient de leur éclat ; toutes les fleurs des rebords de fenêtres et des jardins sur les toits étaient éveillées et brillantes.

Lentement maintenant, joyeusement, majestueusement, la haute aristocratie du Royaume des Elfes arrivait. Ils saluèrent June en agitant leurs baguettes, puis prirent place près de l'endroit où elle était assise.

Il y a eu une salve d'applaudissements en mélodie. Obéron et Titania approchaient. June tremble de ravissement. Ils étaient venus ! Ils étaient venus ! Elle se leva pour les saluer ; Un grand cri joyeux de bienvenue – de bienvenue de la part d'une multitude d'elfes retentit vers le ciel.

Leurs majestés du Pays des Fées vinrent au jardin de Bim, et y trônaient, une brillante escorte de chevaliers groupés derrière eux.

"Juin", dit le roi si clairement que tous les elfes pouvaient l'entendre, "un an s'est écoulé depuis votre acte de désobéissance. Contre notre volonté et malgré notre volonté, vous êtes allé accomplir l'impossible. Vous êtes arrivé là où le nuage du mal – ce voile menaçant – planait sur Londres et proclamait la faiblesse du Pays des Fées ! »

Ces mots ressemblaient tellement à une réprimande que June eut peur. Elle baissa la tête, ouvrit les ailes et s'agenouilla silencieusement devant son monarque. Obéron sourit.

"Tu as bien fait, June ! Tu as accompli l'impossible. Tu nous as appris à ne jamais désespérer. Pour la première fois dans l'histoire, une fée a désobéi à l'ordre d'un roi et a fait le bien. Elfes !" cria-t-il à la compagnie, l'heure du couronnement est presque venue. Qui sera la fée honorée ?

Il y eut un moment de silence. Puis, comme un accord de musique, lointain, unanime, la réponse vint :

"Juin!"

Magnifique silence à nouveau.

L'heureuse fée choisie était toujours agenouillée. Son grand bonheur l'a humiliée. Ses ailes frémirent. Elle subissait une épreuve. Titania l'a élevée, l'a embrassée, l'a mise en confiance. Puis, main dans la main, June reliant le Roi et la Reine, ils s'envolèrent vers l'ouest. La foule de fées suivait dans une longue file de lumière dorée, chantant joyeusement. Une comète ne serait qu'un feu d'artifice en comparaison de leur splendeur.

Au fur et à mesure qu'ils progressaient dans la ville, Obéron et Titania virent les fruits des efforts de June. La grande Métropole brillait magnifiquement sous eux. Il n'y avait ni laideur, ni besoin, ni méchanceté à Londres cette nuit-là. Les rues et les maisons étaient pleines d'une luminosité inspirante et d'une noble joie.

Tandis qu'ils passaient, faisant à demi le tour du cimetière Saint-Paul, un rossignol chantait.

Une grande armée de gnomes se précipitait sur les routes, suivant le chemin du cortège. Ils n'allaient pas manquer le couronnement, non, pas eux ! Les policiers en service n'étaient qu'à moitié conscients de l'agitation qui se déroulait.

Le couronnement devait être célébré à St. James's Park. Un chœur d'oiseaux chantait déjà l'hymne d'ouverture tandis qu'Oberon et Titania, toujours main dans la main avec June, descendaient sur leurs trônes dans la verdure.

CHAPITRE XXII

COURONNÉ

Royaume des fées! Royaume des fées!

De nouveau, il y eut de grandes réjouissances au Pays des Fées, des réjouissances plus chaleureuses et plus heureuses que jamais. Aucun désert n'était désormais laissé sans éclairage par la gentillesse des elfes. Chaque brique et chaque fragment de la ville de Londres, comme chaque brin d'herbe et chaque fleur de la verte campagne, étaient sous la domination reconnue du roi des fées. Les elfes étaient revenus à eux-mêmes.

Obéron et Titania, avec June assise entre eux, regardaient arriver le cortège des fées infinies ; J'ai vu les présences glorieuses se rassembler autour du lieu du couronnement, tandis que la préparation de la pelouse lisse du parc pour les festins et les danses se poursuivait rapidement. Les gnomes s'affairaient pêle-mêle, comme ils l'avaient fait cette nuit-là de l'année précédente, et préparèrent bientôt la large et lisse pelouse aux mélodies de mouvements et de chants.

Les héros d'autrefois marchaient sous les acclamations jusqu'à leurs places d'honneur près du trône. Ils brillaient de la fierté suscitée par les tâches ardues accomplies.

Les cousins de Rumpelstiltzkin, appartenant à la confrérie qui, dans les montagnes lointaines de Knickerbocker, avait enlevé le joyeux Rip, sortirent de leurs ateliers du fond, marteaux à la main, pour saluer la fée de l'année. . Ils se tenaient ou s'asseyaient en groupes, remuant leur barbe au rythme des propos de copains, tout en hochant gravement la tête au rythme de la musique. Les potins accumulés depuis des mois circulaient alors.

June était fascinée par les merveilles qui lui étaient présentées. Tout cela était si heureusement vieux, et pourtant dans chaque élément et particule si frais, d'une nouveauté envoûtante.

Les nymphes sont venues du sombre Là-Bas - un royaume souterrain avec des routes, des rivières et des montagnes, presque aussi vaste et merveilleux que ce monde extérieur, caché au pays des fées (ses histoires seront peut-être racontées un jour) - pour voler sur des toiles arachnéennes. des ailes et des pieds de lumière sur l'herbe. Leur mouvement touchait les vents avec ravissement et donnait à la nuit éclat et parfum.

Les immortels les plus délicats et les plus fiers se joignirent au plaisir de la danse. Aucune soirée plus heureuse n'a été ou ne peut être enregistrée dans les très longues annales d'Elfland. Ce fut avant tout une brève série d'heures de triomphe, sans qu'un seul regret ni crainte ne gâche ou n'altère l'éclat et l'harmonie.

Les étoiles envoyaient leurs rayons les plus chers chargés de bénédictions pour les elfes et l'humanité. Une grande planète traversait le ciel, une miniature éblouissante de la Lune en pleine pleine.

La seule merveille de juin pendant cette période était : Bim ! Il ne pouvait pas être loin. Où était-il? C'était étrange qu'il ne soit pas là.

Pendant ce temps, la fête continuait, avec ses rires, ses chants et ses festins.

L'heure du couronnement est arrivée. Obéron se leva et leva son sceptre pour commander. Un cri de joie unanime retentit. Les oiseaux s'accordent au chant du ravissement. Un chœur choisi de mille rossignols exprima sa joie.

Le temps de l'année des fées ! La couronne, gardée par une vingtaine de sentinelles, était respectueusement portée vers le roi et Titania par un gnome, par Bim. Il fut désigné par proclamation royale, désormais et pour toujours, pour en être le gardien spécial ; et ainsi récolta la récompense de son année de dévouement et de prouesses. June se leva avec joie pour le saluer. Elle oublia alors tout le reste de cette fête, heureuse de le revoir. Pour sa part, en retour, il sourit d'un sourire assez large pour être un sourire généreux – aucun simple mot en prose ne peut exprimer la plénitude de son bonheur.

June réalisa aussitôt qu'il avait changé, amélioré. Il était moins gnome maintenant que fée chevalier. La nymphe de l'étang de la Vallée Violette s'était souvenue de la promesse faite au petit matin de son départ dans la foulée du mois de juin. Bim avait reçu la récompense qu'elle avait prédite. Il était, à cette heure fière et pendant un certain temps par la suite, unique au Pays des Fées ; ayant la particularité d'être élevé à une classe à part : moins gnome que chevalier : le héros récompensé ; et personne n'était envieux à cause de sa bonne fortune.

Les gnomes, en particulier, étaient fiers de leur semblable, qui, en gagnant lui-même l'honneur, leur avait fait honneur et leur avait fait réfléchir.

Le roi prit la couronne des mains de Bim et la tint au-dessus de l'heureuse fée.

"Juin, juin, juin !" encore et encore, ce nom favori était évoqué.

Les rossignols, unanimes, donnèrent le ton, et le chant de triomphe, hymne de cette heure suprême, résonna de nouveau jusqu'aux étoiles.

Londres, endormie, entendit la chanson et rêva des fées.

Obéron a placé la couronne sur la tête de June. Main dans la main avec Bim, elle et le camarade qui l'avait fait se promenèrent lentement à l'intérieur du grand cercle des elfes.

C'était l'heure du triomphe. La victoire, absolue et suprême, s'exprimait dans la musique de cette nuit-là. Obéron régnait partout !

Royaume des fées! Royaume des fées!